带着娃娃看世界

Take my baby to see the world

乔小兽◎著

電子工業出版社
Publishing House of Electronics Industry
北京·BEIJING

目录 / Contents

序

旅行的意义并不是告诉别人“这里我来过”，而是一种改变。旅行会改变人的气质，让人的目光变得更加长远。在旅途中，你会看到不同的人有不同的习惯，你才能了解到，并不是每个人都按照你的方式在生活。这样，人的心胸才会变得更宽广，这样，我们才会以更好的心态去面对自己的生活。

——余光中

很喜欢余老先生这段关于旅行的话，我喜欢旅行，我想拥有更好的心态来面对生活。婚姻不会禁锢步伐，孩子在我看来也不是生活的拖累，更不是女人为之放弃自己生活和失去自我的一个借口，为人妻为人母的生活可以继续精彩。事实也正是如此，我很享受这种与孩子为伴的状态，我们是伙伴，我们相互陪伴，不会刻意为之，我只是想顺其自然地延续美好。从一个人行走，到两个人并肩，现在是带着娃娃去旅行，我承认是我自己离不开孩子，从小小兽降生到如今我们没有分开过一天，我有责任也有义务尽心地陪伴他，我喜欢“全职妈妈”这份全新的职业，对于孩子的事情我愿意亲力亲为，更何况我们的父母操劳一辈子没有义务再帮我们照顾孩子，把孩子留给父母，自己却潇洒的去旅行，我放不下心，更于心不忍，但我的生活中又不能没有旅行，其实一点也不纠结，顺其自然。带着娃娃去旅行，在旅途中我并不想让小小兽学到什么，感受什么，他只要享受每一分秒的快乐就足够，而对于他，不满三岁的小朋友，每天至少有一件固定的事情是让他最开心的，那就是和妈妈在一起。

谨以此书献给我最爱的小小兽，感谢你每一天的陪伴，更感谢你带给我们的幸福和快乐，一并那些小麻烦。

花都开好了，怎能还不在路上，虽然全新的旅程一切未知，但凡事总要迈出第一步，带着娃娃去旅行，做了无数次的梦，终于在这花开季节即将梦想成真，心早已飞出身外，迫不及待地奔向那一场樱花雨。

Part 1

/ 花雨满江城 /

沿途的美好
2013 年 3 月 15 日

题外话，旅行，予我的成长太多，行走八年，虽无波澜壮阔的惊险刺激，但也不急不缓地走了一些路，从第一次背包出行时的激动，到如今每一次行走前的盼念，有些心情始终没变。旅行对于我来说并非逃避现实，自我、自在、自由，我享受我的生活，那些思想的束缚，行为的牵绊，于我早已经不存在，老刘一直支持我的旅行，精神一并经济，依旧是那句话——“当我行走得越远，我便靠你更近”。世界上的人和事千奇万般，我喜欢那些身在其中的擦身而过，与现实中的路人，更与创造出这一切的故者，像是空间和时间同时交错的魔法，内心的魔豆早已生根发芽，牵引着我去遍世界上每一处浪漫童话发生的地方，触抵美好，丰盈自己的视野和人生。

屈指算算，距离我的上一次旅行已经过去整整十六个月，时间呼啸，像是坐上了光速的列车，稍一迟缓就再也追赶不及。三十岁以后的人生是匆忙的，每天只用作积极生活都觉得不够，恨不得一天有四十八个小时，有了孩子之后体会更深，真的再也等不及，武大的樱花都开了，带着娃娃去旅行，不能再稍迟片刻。

我喜欢称武汉为“江城”，“黄鹤楼中吹玉笛，江城五月落梅花”，诗人总是浅浅几笔便可以将一座城市描述得活脱生动，诗情画意的城市处处落花，自然的装点柔和着钢筋水泥的坚强，大江大湖大武汉，小情小意小江城，“小”，意在细腻。

此次武汉之行首先为花，听说这一季樱花开早了，花期仅一周，所以不论风雨如何将至我们也决定出发，北京至武汉的高铁现在尤为方便，也因为爸爸疼惜小小兽，不愿意娃娃在一岁前坐飞机，倒也是不错的选择。高铁公务舱的空间比较大，婴儿车可以推上去，四个多小时，路上睡了一觉，再醒来，便到达武汉。都说带孩子的旅行比较麻烦，无非是孩子的东西多一些，倒也无妨，希望未来有一天小小兽也会和妈妈一样，爱上旅行。

星期五的下午到达，天空微晴，比起北京，我想用温暖和煦来形容，树已发芽，草也碧绿，春暖花开的景象亦然眼前，一家三口决定先去东湖游园赏花。沿着湖边散步，难得半日闲适，小小兽极其淡定地坐在他的推车里，东看西看，喜欢被爸爸飞快地推上拱桥然后又迅速跑下来，咿咿呀呀地指着东湖里游耍的鸭子手舞足蹈。玩了一下午，走了不少路，从东湖的西门进入，又从东湖梨园的出口出来，看地图居然才是东湖的一角，东湖之大，亲身体验。

据说东湖的磨山樱花开得热烈，只可惜时间有限不能前往，碰巧晚上去吃饭路过东湖樱花园，当即停车前往。第一次见识如此簇拥盛放的樱花，尤其在灯光的照映下，仿佛置身人间仙境，这一趟“因”花之旅见此情此景就已知足。美好，往往就在沿途，正如生活，并不是直奔目的地，一路的风景才是最值得欣赏的。

雨倾武汉关
2013 年 3 月 16 日

据说昨晚下了一夜雨，凌晨的时候雷声作响，我却丝毫没有听到，早上出门时大雨已过，细雨绵绵迎来武汉第二天的游走。但今日的游耍已经不同于往日，雨天小小兽不方便出门，我们也怕他感冒，所以老公负责在酒店看娃，我自己出去逛逛。时间稍有些紧张，三个小时后要回酒店哺乳，尽管如此我还是很知足，户部巷“过早”去！

终于如愿地吃到满心盼望的热干面，手工圆面条，面条事先煮熟，拌上油，摊晾，吃的时候再放到沸水里烫热，盛到碗中，趁热淋上芝麻酱、香油、香醋、能吃辣就一定再淋上辣椒油，各种酱菜，酸豆角、辣萝卜、榨菜、青瓜丝，最后再撒上葱花、香菜，齐活！迅速拌在一起大口放进嘴里！那味道之绝，汤汁蹭到嘴角都不忍心放过，舌头围着嘴唇使劲儿画圆了再一抿，一粒芝麻渣儿都不能放过！原汁原味的面香混合着芝麻香，幸福不过如此。

雨水淋漓一上午都没有停下，慌忙地游走了昙华林，又匆匆一撇楚河汉街，时间就差不多了。酒店还有个小宝宝等着妈妈开饭，我也在等待着我的小宝贝快快长大，能和妈妈一起形影不离地到处行走，那一天不会太远吧。

雨没有半刻停歇的意思，却也阻挡不了我的脚步，下午的游荡就从武汉关开始。依旧是一成不变的老毛病，喜欢看建筑，喜欢原汁原味的老建筑，听说江汉路这一带保留得很好，以江汉关为首。江汉关位于汉口沿江大道江汉路口，是一座具有希腊古典式和欧洲文艺复兴时期建筑风格的建筑物，其实我早已混乱了这些不同时期的建筑风格及其特征，之前总是以为实物见得越多就越能清晰它们的模样，这一路走来已经完全乱掉。旅行中看建筑已经成为了一种习惯，或者说是条件反射，觉得挺悲哀的，我离我热爱的“建筑”越走越远了。

大雨伴我走过一条条老街道，有些记得名字，有些疏忽了名字，最终又回到江汉路。吸引我的还是那些布满历史的老房子，衬着古树，配着灰蒙蒙的雨天，如此生动的画面跃然眼前，不刻意、不经意间流露出一座城市的美丽，那是质朴、低调的美、那是不张扬、不华丽的美，那是随意粉饰不出的美。

看时间也不早了，返回武昌，武汉关码头一元五角钱的船票渡江到达中华路，长江、汉江让这座城市流动起来，生动、生活。

全新生活
2013 年 3 月 17 日

带着孩子去旅行其实在中国大部分家庭是不受支持的，甚至是反对，尤其是带着这么小的婴儿，是的，前提就是我这个妈妈爱旅行，喜欢行走。我曾经总说婚姻并没有将我的生活改变，在婚姻里我们尊重彼此的自由，且更多的是对于彼此的支持。婚姻没有牵绊我的行走，我总觉得女人不能完全陷入家庭当中，更不能完全被生活所累赘，这跟每个人拥有的财富没有任何关系，旅行中我曾住过 15 块钱一晚的大通铺，也住过 28 块钱一晚男女混住的上下铺，洗澡排队，去卫生间都要排队，但是乐在其中。旅行让我身心都到达很远，去看我不曾看到过的世界，去体验我不曾体验过的生活，即使每个人的生活只有一面。

带上娃娃去旅行其实我最初并没有太多想法，不想让他去学会什么，懂得什么，甚至是感受什么，七个月的孩子不会懂，但是，他是我的孩子，我一直固执地坚持，有能力生孩子就要有能力养孩子，抚养，这是作为父母应负的责任，必须的责任，我可以自己一个人继续潇洒地去旅行，孩子丢给公婆或者老妈，但这不是我的性格，别人也没有义务放弃自己的生活就因为我个人的自私，就因为我把旅行当作一种生活和态度，旅行于我如是，但是于其他人也许不是。所以，既然想继续行走，那就带着孩子一起行走，带着孩子去旅行！辛苦与快乐并行，这是我自己的选择，生活一直在路上！

武大的樱花也作为了我们这次旅行完美的收官，雨后武大的清晨让我重新呼吸到自由的味道，充满希冀的生活又在向我招手，终于又回到我的旅行。两年前在首都机场恋恋不舍离开的场景就如昨日电影一般历历在目，日月射手的女人总有一颗不安分在路上的心，任何时候的生活都需要深呼吸，旅行就是那缕新鲜的空气，在经意与不经意间注入我的生活，在平淡中添一抹色彩，让规律的生活像音符一样跳跃起来。曾经旅行最大，现在我不得不承认在我的生活中，孩子已经占据我的全部，而我也心甘情愿被他占据所有，这是我新的生活态度，但是积极向上是我永远的生活准则，这只是我们第一次的行走，未来的日子还很长，我们会一直在路上，带着娃娃去旅行，开启我们全新的生活，我们一起努力！

兽妈说

武汉之行来得比较突然，正好花都开好了，而我也太需要一场旅行了！

带着小小兽一起去旅行我想过很多次，其实只差一个开始。小小兽七个月，我也还算是个新妈妈吧，但几乎出了月子就是我一个人照顾小小兽，姥姥住得近，每天下午过来帮我搭把手，这么说姥姥其实不太爱听，确实姥姥也帮了我不少忙。我是个比较要强和好强的人，做任何事，我觉得自己一个人可以做好，那我就一定可以。小小兽刚满月的时候老刘就因为工作的缘故迫不得已出差，几乎一整个星期我都自己照顾小小兽，尤其是夜里，母乳的娃娃比较省心，半夜无需起身冲泡奶粉，随醒随吃，然后拍嗝，换尿片，我自己都可以完成。小小兽的日常起居也能得心应手地照顾，所以带着小小兽去旅行，我信心满满，更何况还有老刘一起。老刘是个相当称职的奶爸，这个我不得不夸奖，从曾经支持我一个人去旅行，到如今同意带着小小兽去旅行，夫妻间的相互信任和支持胜过一切。

七个月的小小兽第一次去旅行，北京到武汉，我们选择了动车，觉得宝宝还小，不太希望他坐飞机，虽然大家都说国外的宝宝怎样怎样，刚出生就坐飞机，有些时候我比较“崇洋媚外”，但大部分时候借鉴比盲从更稳妥，而且在国内旅行动车相当方便，也不至于提前好几个小时就去机场各种安检，飞机上空间小，大人和孩子都不舒服。动车是特别理想的在国内带宝宝旅行的交通工具，且一个家长带一个身高不足1.2米的宝宝，宝宝是免票的。我们选择了动车公务舱，小小兽的推车可以直接推上火车，就放在自己的座位前也不会影响到别人，每个座位相对独立和封闭，在火车上母乳也比较方便，当然带一块哺乳巾更好，也是公共场合应有的礼貌。

虽然小小兽行动还不自如，老话讲的“三翻、六坐、八爬”，可是小小兽爬早了，安分的时候很少，但总的来说表现还不错，跟爸爸玩一会儿，跟妈妈玩一会儿，火车上吃了奶又睡了一觉，几个小时的路程也不觉得很长。小小兽不属于爱哭的宝宝，即便是哭也很好安抚，越小的宝宝越有他的规律，带着一起去旅行其实更容易。路程不要太远太辛苦，行程也别安排得太匆忙，最重要的一点就是不要破坏他的生活规律，吃饭和睡觉尤为重要，注意温度变化随时为宝宝加减衣服。刚到达目的地也要让宝宝适应一下，别急急忙忙到处逛景点让孩子过于疲累，休息好，吃好，睡好，不要改变孩子的生活作息，注意冷暖变化，无论在火车上还是出去游玩，都要给孩子带件长衣服和小被子，家长耐心仔细一些，孩子不会那么娇气生病的。还有要特别注意水土问题，最好用瓶装水烧开再晾到适合温度给孩子冲泡奶粉、米粉，饮用水也如此。

带孩子旅行，计划不要安排得太满，时间最好充裕些，行程也

最好安排得随机，万一遇到天气不好可以临时改变计划。来武汉这几天就赶上了阴雨，孩子虽然皮实，但也尽量不折腾，爸爸在酒店看着小小兽睡觉，我就趁机跑出去自己逛逛，三小时回来一次，喂奶。小小兽是满六个月才开始添加辅食的，七个多月吃的种类还不多，量也不大，依旧以母乳为主，每天 1～2 次米粉，吃一些水果泥，比如香蕉、梨和苹果，这时候带他去旅行其实很方便，最起码在吃的方面很容易解决。七个月的小宝宝睡觉也比较有规律，小小兽白天睡两觉，他睡觉的时候我们几乎留在酒店。三月的武汉阴雨连绵，气温变化很大，不建议带着宝宝在外面睡觉，虽然带着小被子，但是怕孩子太小抵抗力弱，以防着凉生病。

七个月大的小小兽，完全是个古灵精怪的小精灵，更多的是好奇和观察，活动并不自如，主要靠爬，但是匍匐得相当快，喜欢和爸爸妈妈玩藏猫猫的游戏，喜欢用两只小脚丫在爸爸妈妈腿上蹦跳，也会用笑、哭来表达自己的喜欢或者不喜欢的情绪，能很专注地做一件自己感兴趣的事情，比如撕纸，比如咬自己的牙胶，小小的牙齿已经开始萌出。不过会偶尔有和妈妈分离焦虑的情绪，会哭闹，但是爸爸相当厉害，基本可以顺利将宝宝安抚、哄睡。

小小兽是个比较乐观的孩子，很爱笑，虽然努力把他养得精细，但我还是觉得小男孩应该皮实些，在家在外都不太约束他，喜欢爬就创造环境让他随便爬。不过出门在外我还是比较喜欢带上推车，小小兽跟我们去东湖时就乖乖地坐在小推车里，出门旅行有个推车还是比较方便的，无论是在路上，还是出行，宝宝舒服，家长也能轻松些，如果再带个婴儿背带或者腰凳出门最完美不过。

三天的武汉樱花之旅，小小兽的第一次旅行，就这样愉快而圆满地结束了，所有事情在没有尝试之前都会让人心生畏惧，不知自己是否可以做到，其实迈出第一步就已经成功了一半。带着孩子旅行没有传说中那么可怕，也没有想象中那么麻烦，提前做好攻略，准备好一切。

不过如果让我推荐第一次带宝宝旅行去哪里的话，我还是比较推荐家长们带宝宝去海边，行程安排得越简单越好，无论飞机或者火车前往，路程都不要选择太久的，让宝宝也有个渐渐适应的过程，一回生二回熟，我想第二次再带宝宝出门时家长自然就会有自己的一套心得，也会更得心应手了。

人这一生的成长有许多节点，尤其是孩子在爸爸妈妈的眼中，每一个举手投足都被父母视为珍贵。一岁，更像是个成长的里程碑，我们的小小兽也即将满一周岁，这个乖巧的小婴儿就要开启人生又一个新篇章，他马上就要拥有人生中第一次飞行了，被老妈形容得天花乱坠，确实妈妈比娃娃更兴奋，猜猜我们要飞去哪里呢？

Part 2
浪漫满屋

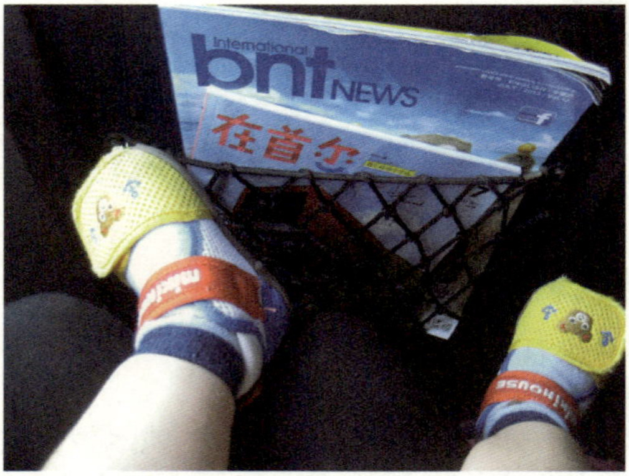

柔软的风
2013年7月19日

只是我自己始终不肯承认罢了，属于我自己的旅行时代早已经结束，《想要浪迹天涯的娃娃》就是终结。告别了青春，岁月在脸上、在身体上刻划的痕迹越来越明显，欺瞒着自己这一切都不是真的，然而镜头放大了人生，也暴露出真实的自己，臃肿的体态，松弛的皮肤，再怎样也摆不出曾经婀娜的青春，又是那句几乎已经讲烂的话语，“时间是静止的，流逝的只是我们自己”。小兽的时代划上句号，小小兽的人生开启，如是，怀念也罢，感叹也罢，丝毫不曾后悔，你将是我新的人生，我会为你继续精彩！时时刻刻努力！

一直对韩国不是特别“感冒”，印象中总会担心旅游痕迹过重。其实，韩国的故事不仅仅只是类似《绅士的品格》般的现代和时尚，更有《澡堂老板家的男人们》的质朴且亲近，就像我爱的北京，南锣鼓巷和荷花市场，还有更多。多年以后我不希望她的美好只剩下这些好听的名字，内容与内涵荡然无存，满街飘逸着臭豆腐的味道，为一盒普通的酸奶排出几十米开外的队伍，当我站在队尾，翘首期盼，费尽周折排到队首的时候，我更希望那是一碗蕴含着历史味道纯正的豆汁儿，配着金黄脆香的焦圈，让我爱上的应该是她经久不衰的文化，却不是这样刻意营造出来的“做作”，首尔，亦是如此。

我起初把韩国之行想得太过轻松简单了，在家的时候就是我一个人照

顾小小兽，我太胸有成竹，这次旅行幸亏有我的好朋友安一起同行，帮了我不少忙，真心感激。我也再次意识到，未来的旅行将会是全新的旅行，我要在意和牵挂的更多，考虑得也需要更全面，我不怕麻烦，只怕迈不开脚步，世界那么大，就让我们从今以后一起出发，去看大千世界。

第一次见到了男人的柔软，那种让人怜惜的柔软，小小兽在国际出发入口抱着爸爸的头轻轻一靠，老刘的眼泪都要下来了，我也有点收不住，这一次不是舍不得老刘，而是替老刘舍不得儿子。

首尔的天气很舒服，但第一日的旅行就被小小兽来了个下马威——闹觉，无论如何都不能安抚，这是我第一次遇到这种情况，也许是陌生的环境让他来不及适应，今天旅行只能到此为止，迅速打车返回酒店。

傍晚的首尔晚高峰，车堵在汉江的桥上，四周的天空渐渐暗下来，又渐渐被灯光点亮，晚风吹得很舒服，轻抚过脸庞的柔软让我感受着首尔的静谧。旅行就是一场心灵游走的碰撞，在一个陌生的环境承接不曾有过的新鲜和感动，也让我更懂得如何去爱，去保护，去安抚那颗未来要我时时刻刻全心全意爱护的小小的心灵，妈妈很想为你未来的人生道路开启美好的篇章，我想我会努力的。

泡面的温度
2013 年 7 月 20 日

第二日的首尔，晴，美美睡了一觉的小小兽心情也晴朗了。吃过早餐去仁寺洞逛逛，韩国地名是按市、区、洞、里来命名的，因此首尔很多地名都有个“洞”字，比如明洞、三清洞，还有仁寺洞。书中介绍仁寺洞在朝鲜时代是官府和两班私宅密集的地方，渐渐演变为买卖商品的文化街。如今，咖啡馆和西餐厅居多，咖啡也算是现代韩国的一席文化吧，但我却依旧固执地认为泡菜才是韩国的传统，更是无可取代的精髓。

今天最期待的行程还是北村。北村位于景福宫、昌德宫之间，且在青溪川和钟路北边，因而得名“北村”，朝鲜时代统治阶级多在这里居住，现今遗留下许多传统房屋。我们预订的客栈就在这儿，谈笑亭，一座四方的小院子，只有三间客房，谈室、笑室、亭室，我们今晚住三人间的谈室，房间面积都不大，但是设施一应俱全，尤其是有厨房可以自己煮饭。傍晚的小小兽又闹情绪，放到车里就立刻委屈得红着眼圈喊妈妈，雨下得也有些大，惹人的小人儿，赶紧抱在怀里安抚。和安决定今晚不再出去了，在附近的超市买了食材和炸鸡，安在厨房忙忙碌碌，我陪小小兽玩耍，像是过平日的生活一样，不慌忙，就这样一点一滴地感受着韩剧似的生活，这也才是我们喜欢的旅行。用安的话说：旅行的意义不在乎走过多少地方品尝过多少美食，而是浮光掠影后在心里留下了什么。我想多年以后这样的画面会依旧存在于我们的心里，当回忆起来的时候，心底泛起的是温暖，是彼此给予的浪漫，浪漫满屋。

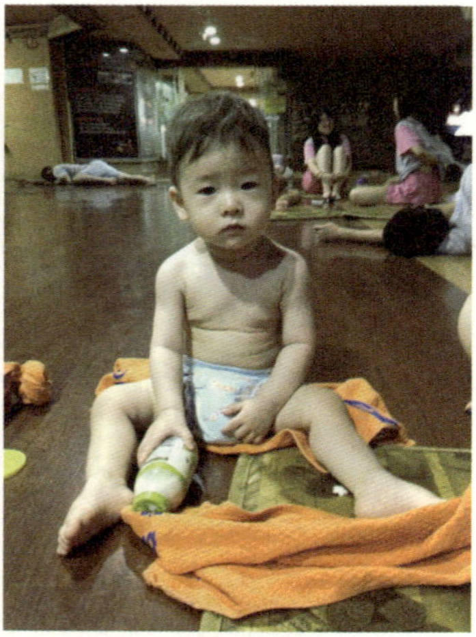

澡堂子里的欢乐
2013 年 7 月 21 日

在韩屋吃过早餐，上午计划去景福宫，北村距离景福宫路途不远，但都是起伏很大的坡路，行李寄存在客栈，小小兽状态不错，我们想推车走路过去。北村到景福宫，途经三清洞。三清洞也是一条艺术气息浓郁的街道，经传统的韩屋改造的画廊、现代装潢的咖啡厅、特色餐厅、精致的工艺品小店，错落有致地分布在街道两侧，只是去太早基本都还没有营业。街道很干净，也很舒服，两旁高大的银杏树为三清洞增色不少，传统与现代碰撞，却不嘈杂做作，午后安安静静地享受一杯咖啡，读一本闲书，最美不过，只是这些对于我应该都已经成为想象，这样叫嚣的一个“小尾巴”，安静地停下？绝不能够！

刚走到景福宫的时候天空突然飘起微雨，小小兽有些不耐烦，开始吵闹，索性一个人带着他在外面的空地上玩耍，安自己进去游览。

景福宫是朝鲜王朝时期韩国首尔的五大宫殿之一，也是朝鲜王朝的正宫，更是首尔规模最大、最古老的宫殿之一，具有 500 多年的历史。深入其中顿时有种穿越的感觉，一边神往着，一边陪小小兽坐在景福宫宽大的石板路上捡小石头。带孩子旅行谁也不是谁的依附，而是另一双眼睛在看世界，用他还懵懂的心去感受，肢体触碰到的才是他的旅行。突然想起昨日在北村找路时，安去询问，和小小兽在路边看行李，一手抱着他，另一只手试图把童车组装起来，此时正路过一对年轻的夫妇带

着三个孩子，最小的孩子和小小兽般大小由妈妈抱着。小小兽突然对着那个小孩大喊了一声：“嗨！”像是在打招呼，那个宝宝居然看着小小兽也回应了一声，年轻妈妈见状立刻停下来帮我扶着小小兽，让我把车组装起来。觉得一切发生得很神奇，再小的生命，他也有他的世界、他的思想，而妈妈要做的就是给予孩子足够的空间、足够的自由，任这个小生命在这偌大的世界中去丰满起自己的羽翼。

吸取了昨天的经验教训，不能破坏小小兽的作息规律，但是韩屋十一点退房，酒店下午两点才可以入住，期间这三个小时正好是小小兽午睡时间，何不入乡随俗来个汗蒸，小朋友也能找个舒服的地方睡午觉，即刻打车前往梨泰院汗蒸房。

梨泰院汗蒸房很大，分三层，一层寄存行李，然后在二层换衣服，淋浴间也在二层，三层才是汗蒸房，在里面可以吃饭、健身、按摩，并且有儿童游乐场所。安去感受50度高温的汗蒸，小小兽在休息间睡午觉，我则裹着羊角毛巾躺在汗蒸大厅地板上吃茶水煮鸡蛋，这可是韩剧里时常出现的情节哦。

小小兽超爱汗蒸房，睡醒了，不吵不闹好奇地四处张望，宽阔的大厅随意爬行，裹着尿片的小娃毫不给面子地扯去被老妈裹在头上的羊角毛巾，“韩剧才与我无关，肢体接触和感受到的才是我喜爱的旅行！”。

下午没有直接回酒店，先去新村尝尝闻名已久的春川香辣炒鸡排，之后去梨花大学闲逛一番，这也是今天游走的最后一站，据说梨大里面有很多舒适的小咖啡馆，只能略过了。晚上在酒店陪小小兽，安自己出去溜达，顺便给我打包晚餐带回酒店，一杯咖啡，一碗蔬菜粥，外加一份泡菜饼，夜宵又吃掉一份炒年糕，如此的首尔同样美味。都说韩国是味觉的旅行，尽管错过了很多，但那份石锅的炙热，炒年糕的热辣，也都一一落在心里，更填满了我们的胃！姑且知足。

南山之恋
2013 年 7 月 22 日

清晨，大雨侵袭着整个首尔，窗外黑压压的一片，站在二十二层的窗台向外望去，街上几乎没有人，最后一日的首尔塔之行不知是否还有机会完成。雨天不方便带宝宝出去，吃过早餐我带小小兽回酒店休息，安独自去逛东大门。

待小小兽午觉醒来，首尔的天竟然意外晴朗了，乌云全部散开，蓝天瞬间铺满，淡淡白色的云朵若棉花糖一般，绵绵软软，还未放在口中，心就已经快要被甜化了。如此天赐的美好，让心情都歌唱起来，一个人背起书包，扛上单反，胸前抱着小小兽，决定立刻出发首尔塔。

这是在首尔的第四天，却第一次逛明洞，绚丽的橱窗，汹涌的人潮，街边红火热辣的炒年糕，但明洞步行街却无太多新奇，着实不能吸引我，络绎不绝的人群喧嚣鼎沸，躁动，燥热。首尔的天一晴，温度就立刻升起来，才出酒店时候的凉爽早已褪去。怕小小兽热到，给他脱得只剩下个纸尿片，套一件小背心儿，坐在我胸前的腰凳上，小脑袋瓜东张西望的，两只小脚丫也开心得晃晃荡荡。

首尔的坡路很多，从酒店出发到明洞，又到南山，这一路走得我满身是汗。去首尔塔要先乘坐玻璃扶梯到达半山腰，然后换乘缆车到达首尔南山山顶，期间还有几步台阶要爬，爬到八角亭几乎已经精疲力竭，幸好山上的风吹得凉爽，倦意瞬间消除。

首尔塔是首尔的象征，人们争相前往不仅仅为了俯视首尔，还因为首尔塔的情侣锁，寓意着美好和永久。和我的小情人一起来南山，无怨无悔的妈妈会爱你一生一世，至少在心里永远陪伴着你，天空可以作证。

下山途中无意看了一眼镜子中的自己，妆晕了，眼圈黑了，头发乱着，裙子在爬山的时候不小心撕了，狼狈不堪，而这一切又算得了什么呢，与快乐和内心的满足相比微乎其微，小小兽也很开心，只不过是一段小插曲而已，但也是幸福的调调。

旅行的友谊
2013 年 7 月 23 日

文字写到最后我都不知道自己对于韩国到底是怎样一种态度，并且韩国和我们到达之前想象的不太一样，那些被炒作的很火爆的地方并没有让我们产生太多共鸣。但我认为，如果旅行中有一处是你喜欢的，那么就可以涵盖全部，比如，深刻在记忆中韩屋里温暖的泡面飘香；裹着羊角毛巾，汗蒸房里快乐的亲身体验；更有汗水连连，一个人带着小小兽南山首尔塔的行走，足矣。也会想也许在未来的某一天，待小小兽长大了些，兴许我一个人还会再来一次首尔，只为美食，又或许和兽爸带着小小兽一起，那我们就只住在韩屋，慢悠悠地生活几天。不过，我希望会是在一个飘雪的冬季，感受另一番表情的首尔，亦会如《冬季恋歌》般的迷人吗？失望不代表着不再期待，生活不也正是如此吗！

最后一日的首尔依旧阴雨，但一切都很顺利，酒店门外便是机场大巴车站，首尔至北京的飞行小小兽再次表现优秀，我真的很知足，毕竟才是不满周岁的娃娃，整整五天的游耍身体没有任何不适，这是让我最为舒心的，也期望着宝宝健康快乐的长大，待未来和爸爸妈妈一起走更远的路，去世界各地看更美的风景。

首尔之行胜利完结，其实每一段旅行我都爱，引用安的话“不同时期的心境不同，哪怕看待同一件事也会有不同的视角和结论。旅行不是生活的必需品却为生活添彩，每一次的出行都是人生逐渐丰满的见证，所以何必在意别人的喜恶，自己亲自丈量征服过的土地，只有自己才能体会那份喜悦、自豪和与众不同！时间淡化一切的同时也沉淀积累了一切，不必说，懂得的人自然能体会！”正如这次旅行，的确很累，但是作为妈妈这是应当应份的，出行前已经做好足够的工作，不想麻烦任何人，于我、于小小兽来说这都是一次锻炼，但是在旅途中安帮了我不少忙，如我这样一个个性极强且要强的人都不得不说，如果没有安，这次旅行也许无法完成，或者，不会如此完美。

我总说旅行很“考验”人，如若两个相爱的情侣能经得起一场旅行而不分散的，那才能走得长久。旅行是一段小生活，朝夕相处，彼此摩擦，对于朋友，旅行也同样是一种考验，相互包容，互相帮助，对于事物好恶相同或相近，为人处世，甚至是价值观。朋友，历经月月夜夜依旧为友。这样的解释或许过于牵强，其实我只是想在此再次感激安在旅行中所付出的辛劳与伟大，伟大，这个词不大，你足以为我们的旅行添彩，愿友谊，长存。

兽妈说

我家爸爸不太赞同小小兽一岁前飞行，其实我自己也心有余悸。不过主要原因还是北京飞首尔的时间比较短，有闺蜜陪着老刘也稍放心些，况且我闺蜜也是个能力很强的人。有了第一次带小小兽出去旅行的经验，这次总觉得不就出个国吗？不在话下，却没想到第一天到达就被小小兽来了个下马威！不过也让我彻底长了记性，旅行中不要试图想当然地改变宝宝的作息，宝宝需要一个对新环境的适应阶段和过程，至少就一岁的宝宝来说。

小小兽好动，在家的时候我们做好各种安全措施。几乎不限制他的自由。旅行处于陌生的环境，酒店的家具设施小宝宝没有意识难免磕碰受伤，我自带了那种贴桌角的防护贴，先在身上反复粘贴几次再贴在酒店家具上，黏度不会特别大，就不会粘坏。小朋友也有个安全的空间自己随意地爬或者扶着床沿、沙发走走，十一个月的小小兽刚学会行走还走不太稳，不过连走带爬几乎想到达的地方都能到达，不喜欢受限制，区区一个旅行更不能将他左右。

其实第一次带小小兽出国旅行就选择首尔并不太合适，这么小的孩子不适合城市游走，行程虽然已经安排成五天，但依旧比较紧张。第一次带孩子出国经验也确实不足，计划安排得太满，很多都没有实现，不过谈不上遗憾，留些念想也好。

关于住宿，之前也是犹豫了很久才订了韩屋民宿，带孩子旅行最重要的就是安全问题，酒店选择我比较在意，位置不要很偏僻，尽量在正规网站预订比较靠谱的星级酒店，最终决定在韩屋住一晚，当作一种体验。我们预订的这家虽然是私人经营，但是属于正规民宿，在正规网站预订，看了评价都说不错，也确实给了我们惊喜。民宿不大，很小的一个院子，三间客房，正房是一个公共的小客厅，左右各一个卧室，西厢房是厨房，东厢房是另一个小卧室，那天晚上还有另外三个女孩预订了这家民宿，住在我们对面卧室。不过，现在想想还是觉得不太安全，如果是妈妈自己一个人带孩子去首尔旅行，我不建议住民宿，除非有爸爸陪同，或者有更可靠的安全措施，任何时候，任何地点，带孩子旅行，安全第一！

一岁前的小朋友，辅食还不是饮食的重点，母乳或者配方奶依旧占主要地位，这次旅行小小兽的辅食依旧是米糊为主，住韩屋的时候有蒸南瓜，其他时候我买了鸡肉泥蔬菜和牛肉泥蔬菜罐头，混合米糊吃。而且在来韩国之前特意让朋友给带了几瓶韩国市面上比较常见的瓶装水，在北京的时候就开始给小小兽饮用这种水，提前适应，以免来韩国后水土不服，这方法没有具体科学论据，但是我个人认为也算个不是办法的办法吧。

七月的韩国比较热，小朋友防蚊防晒是重点，随身带件小外套，防天气突变，坐出租车、逛商场时冷气比较凉，注意及时加减。夏天在外面旅行注意让宝宝少量多次饮水，注意防晒，保持皮肤干燥，随身带个小扇子，不要宝宝满头大汗就立刻去到有冷气的地方。我随身带了个腰凳，有时候不方便推车就让小小兽坐腰凳上，老贴在身上抱着大人孩子都热。另外晚上回到酒店尽量给宝宝泡个澡，洗个防晒止痒的泡泡浴，缓解疲劳又预防痱子，尤其小男孩火力很壮，特别爱热，爱出汗，擦些液体痱子液预防，宝宝身体舒爽心情也跟着愉快，在旅途中也就很好“搞定”啦！还有，防蚊！一般酒店会给驱蚊液，但不一定是适合宝宝的，自己带全比较稳妥，出去溜达也给宝宝带着驱蚊手环、驱蚊贴，我在推车上还挂了一个移动驱蚊器，不了解韩国蚊子威力，尽量做到有备无患！

旅行预订酒店之前都可以向预订网站或者直接向酒店申请婴儿床，可具体了解下是否有如此的设施。小小兽从小没有睡习惯婴儿床，都是跟我睡，一般床能推动我都把一边推到靠墙位置，或者在一边挡上沙发、椅子，再不行就在床上挡满枕头，地上放满靠垫，防止宝宝夜间坠落受伤。对于已经会爬、会走的宝宝，一定要注意在他伸手可以触及到的地方是否有危险品，别有侥幸心理，孩子容易对陌生事物好奇，而且小家伙们动作很快，经常会以迅雷不及掩耳之势完成调皮捣蛋全过程，特别还有一点要强调，淋浴间浴缸里水用完要完全放掉！孩子们喜欢玩水，这是个很严重的隐患，切记！

虽然在旅途中崩溃过那么一次，但总的来说小小兽表现相当不错，毕竟才不到一岁的孩子就被我带到异国他乡旅行，全程都给小小兽大大的赞。就我个人来说，这次旅行的确有些累，和自己之前的独自旅行完全不同，考虑的问题多了，连续几个二十四小时都要和宝宝朝夕相处。也多亏这次旅行和闺蜜一起，回想起来如果只有我自己一个人带孩子，遇到的问题会更多，搭把手的人都没有，但是旅行不仅是个让人心情愉悦增长知识的过程，更让人成长和丰满，这是后话了。

经历了武汉和首尔的两次旅行，让我对带着娃娃去旅行有了全新的认识和感受，我也在寻找一种更适合于我们彼此的旅行方式，一并旅行目的地，让我可以放轻松，也让小小兽更能参与其中，毕竟这不再是我一个人的肆意行走，我们一起在路上。

Part 3

/ 三十八度的大海 /

急速启程
2013 年 10 月 18 日

七月的韩国行带着小小兽在城市到处游走的确很累，我在找寻一种适合于我们彼此的旅行方式和旅行地点。我想那里温暖，那里并不需要太多的行走，那里有天然的游乐场，大海和沙滩，那里绿树成荫，那里阳光明媚，那里不需要太久的飞行……那里，就是马尔代夫吧。提前预订好机票和酒店，旅行在一个月后出发，10 月 18 日。

我几乎用了一整月的时间为我们的旅行做准备，尤其带着小小兽出行，吃穿住行样样都要考虑得充分，满满两个大箱子的行李，蓄势待发，只等 18 日的到来。

马尔代夫共和国位于南亚，是印度洋上的一个岛国，由 1200 余个小珊瑚岛屿组成，首都在马累。这次我们到达马尔代夫后就直接上岛，略去马累。其实很想去看看，据说马累不大，并且马累的生活和我们要去的岛上完全不同，是个质朴且很有意思的地方，但是带着小小兽我们还是选择放弃，等他再大些，我也能找个理由再来一次马尔代夫。

我们这次选择了芙花芬岛，距离马累机场 30 分钟，因为小小兽太小，我们担心直升飞机噪声过大对听力不好，芙花芬岛可以乘快艇到达，貌似岛上也只有快艇，并且芙花芬是我最喜欢的一个岛屿，想想那美丽的无边泳池就已经心花怒放。

终于盼到了出发的日子，却因记错时间延误航班，几经周折终于遇见美好。

芙花芬岛不大，从岛的这头走到岛的那头也就个把小时。岛上有沙屋和水屋，前两晚我们住在沙屋，小小兽是极爱沙屋的，个人也觉得沙屋比水屋方便，到哪里都更便捷。沙屋由两个庭院组成，后院是个私人游泳池，前院由高大的热带植物天然围成，绿茵撑起一片阴凉，这就是我们的私享庭院，铺满细细的白沙，沿着树荫走出去就是大海。这里果然如天堂一般美好，天上人间。

度假的节奏就是不慌不忙，和我曾经一个人的旅行完全不同，不用赶景点，也不用暴走，小小兽在院子里挖沙，老公开一瓶冰凉的啤酒喝起来。享受着海岛带来的愉悦，看天空慢慢地暗下来，看太阳渐渐地沉入大海，漫天红霞映照在大海上，晶莹雪白的沙滩退去白日的炙热，温柔地延伸到深蓝色的大海里，一轮皓月当空，一切都那么宁静而安详，美好的一天就这样安安静静地结束了，伴着大海浅浅的波涛声渐渐沉睡，入梦。

风间少年
2013年10月19日

半夜下雨了，雨声很大，房间内听得很清晰，全家睡到八点钟，小小兽第一个起床，站在窗前想出去玩，可惜雨依旧很大，分明没有停下的意思。马尔代夫的雨仿佛与这座岛屿是融为一体的，雨滴轻轻点点地打在白沙上，却不会弄脏衣衫，干干净净的如这座圣洁的岛屿一般，撑起伞，踏着雨水，全家人依偎在伞下，早餐厅走几步路就可以到达。

临行前特意给小小兽准备了鱼泥和鸡肉泥辅食罐头，还自带了米粉和酸奶，带小朋友旅行辅食是个问题，却没想到岛上几乎每个餐厅都有专门的婴儿食物，尽管看上去都是稀糊状一大碗，但是营养均衡，也还符合小小兽的胃口。早餐就这样伴着雨水不慌不忙地享受着，看海，看雨。

整座岛屿几乎都种植着高大的热带植物，即使外面阳光再大，在岛上都可以找到一片阴凉。芙花芬岛更是被白沙覆盖，酒店的服务员几乎都是光着脚在路上走，白沙很细，踩上去绵绵软软的，回房间的路上我们索性也光着脚，与大自然亲密接触。被雨水打湿的沙子更加细腻，脚底轻踩的节奏直抵内心，心情愉悦得让人不由自主地跳跃起来，在这如童

话般的世界翩翩起舞。任时间这样慵懒地慢慢划过，幸福停滞在每一个瞬间，伸手可触。

挖沙、玩水、看海发呆，马尔代夫简直就是人间天堂，更是孩子们的天然乐园。太阳西落，和小小兽去沙滩上看夕阳，看追赶落日的“蝙蝠鱼”。据说这些鱼以前只在深海里才可以看到，后来无意中来到岸边，发现人类很友好，还喂食物给它们，就每天沿着海岸线游荡一圈，每天晚上七点来，一直沿着落日的方向再游向深海。和小小兽很幸运地和大鱼相遇，可惜我们手里没有食物，只好眼睁睁地看着大鱼们游过。傍晚的风吹得更大，天边的云伴着落日，随着风吹呈现着万般的模样和色彩，像用了有魔法的画笔一片一片画出来，这是个童话的世界，海边的风间少年，追赶落日的大鱼，还有美丽的娃娃和妈妈。

陪你去看海
2013 年 10 月 20 日

马累和北京有三小时的时差，芙花芬岛与北京有两小时的时差，如果我没有算错的话，不管怎样，小小兽还是早起了，不到七点，虽然我在酒店房间的各个桌角都贴上临时防撞条，但还是不放心他自己在房间里玩，索性起床带着小小兽去看清晨的大海。

马尔代夫的清晨，太阳还没有完全升起来，温度并不灼热，暖暖的，但是海边的风很大，扬起衣裙和头发。小小兽爱大海，自己已经迫不及待地奔向大海，就那样追着浪花跑跑停停，歪歪扭扭地不时摔在海里，摔倒再自己爬起来，那一幅画面温暖而又坚强。

今天我们要搬去水屋，马尔代夫的水屋基本上都是采用原生态的草屋顶，斜顶木屋，每座房子都是独立的，依靠钢筋或圆木柱固定在水里。然后每座房子都由一座座小木桥连接到木栈道上，再通往岸边，大海就是每幢房子的后花园。房间的地面上也会有一块透明玻璃地板，可以从客厅直接看到大海，看到五彩斑斓的热带鱼和鲜艳夺目的珊瑚礁，卧室、客厅，甚至卫生间都是面朝大海的落地大玻璃窗，但每一个房间的私密性又都处理得很好。虽然在马尔代夫裸泳是违法的，但是在甲板上的私人游泳池尽情地畅游一番还是可以拥有的，又或是在超级无敌的大澡盆里洗个泡泡浴，想想都完美。

落日的时候小小兽在房间睡觉，和老公倚靠在甲板上看日落，聊天。和老刘在一起已经有六七个年头，从一个人的旅行到两个人牵手的旅行，如今我们三个人一起出发，时间分秒不停地急速向前，我们也在努力跟上时间的步伐，分秒必争地努力幸福着。年轻时候不觉得时间会是如此奢侈的东西，如今总说宁肯放弃一切换回青春，但看着房间里熟睡的宝贝，看着我们日复一日努力经营的幸福，这些又何曾舍得放弃？唯有惜福，珍惜我们现在所拥有的一切，就像我一直说的，我始终都在感恩，现在也是，未来更会，感恩所有，感恩生活。

妈妈加油
2013 年 10 月 21 日

水屋的第一个清晨，阳光毫不吝惜地照耀着大海、天空，不知是谁偷偷拿走了上帝的颜料，然后尽情挥洒，惹得这般天上的美好竟然在人间也可以享受。那海水像是退韵的水彩画，由近及远，由浅到深，绵延到尽头和天空融为一体。爸爸幸福地在大海中浮潜，但是，妈妈病倒了，可能是睡眠不足又吹了海风，再有智齿和轻微乳腺发炎，我想这是每个母乳妈妈都曾有过的经历，只可惜正赶上旅行的时候，终于体力不支，发烧了。头昏昏沉沉的，吃了给小小兽备着的退烧药，温度才慢慢降下来。当妈的女人都是铁打的汉子，体温刚刚恢复立刻满血复活，如此美景哪里有时间只浪费在床上。和老公带着小小兽打算去无边泳池玩耍，小小兽无时不刻都拎着他的挖沙工具，妈妈当然不能扫兴。

无边泳池是我最初爱上芙花芬的理由，但如今却不能好好地畅游一番，躺在沙滩的吊床上晒太阳，既然不能亲近海水的清凉，那么就好好享受这炙热的阳光吧。旁边的吊床上有一对外国老姐妹也在晒太阳，阳光，沙滩，比基尼，翻一本闲书，虽然两位阿姨的身材都已经走样，皮肤皱褶，但那样的状态好生让我向往。不知多年以后年过古稀的自己是否还能保持着这一份积极向上的心态，但我相信，只要心年轻，容颜和身体永远不老！

小小兽喜爱大海，但是有点怕无边泳池，在爸爸的陪伴下一点点试探着往水里走，小心翼翼地，试过几次就开始胆大起来，和爸爸玩得不亦乐乎，更忙得不亦乐乎，一会儿跑进无边泳池戏耍，一会儿又跑到沙滩上挖沙子。本来安安逸逸在树荫下休息的变色龙也畏小小兽几分，他总是好奇地跑过去打量这四脚爬行生物，还不时朝树上躲起来的小松鼠大喊几声，水鸟飞过无边泳池上空，还来不及停下脚，已经被小小兽兴奋的惊呼声吓跑，如果没有旅行，怎会有如此的经历，望着小小兽开心的模样，所有的疲累早已云消雾散，被幸福填满。

午餐后的时光也是岛上最热的时刻，回水屋休息，小小兽睡午觉，我也跟着一起睡着，退烧药的药效只能持续四个小时左右，头依旧昏昏沉沉的，自己安慰自己，我们在度假，就应该这样不慌不忙。虽然病卧在床上，但迷迷糊糊睁开眼睛就能看到一望无际的大海也是一种美好。爸爸潜水去了，居然还幸运地遇到鲨鱼，可是当时爸爸的心情并不美丽，虽然是小鲨鱼，但也足有一两米长，那样的庞然大物在身边三米左右的地方游过，想想都心慌。不过据说近海的都是鲨鱼宝宝，不伤人的，而且很多人来马尔代夫专程就为了看鲨鱼，能遇到鲨鱼是一件幸运的事情，不过再想想鲨鱼那张冷冰冰的面孔，好吧，这份幸运还真是不希望再次遇到。这一趟马代之行，“大姨妈”提前到访，不过我不遗憾，我知道这些都是给我一个充分的再来马尔代夫的理由，我期待着，更享受着现在的每一个美好的时刻。

不舍的温度

2014 年 10 月 22 日

几日的海岛生活像是做梦一般，这里真的如天堂一样，与世隔绝，没有烦恼，没有任何压力，每天纯净的一切让心也纯净着，一家人分分秒秒都在一起，哪怕是发烧。不过我的体温终于控制住了，但也到了将要离开的时刻，抓紧享受最后一日的阳光，大海，还有这只有在马尔代夫才有的独一无二的白沙滩。

早餐后依旧带着小小兽去无边泳池玩耍，他喜欢那里，喜欢亲身去接触周围的一切，喜欢新奇，爸爸一边游泳一边逗小小兽开心，小朋友起初很紧张，以为爸爸变成了一条大鱼，渐渐地才放松下来。难得爸爸有这样的假期陪我们一起旅行，尤其是男孩子多一些和爸爸相处的时光尤为重要，毫无半点私心，虽然此时的我可以无忧无虑地依靠在泳池边的躺椅上喝着果汁晒太阳，但眼前的美好才是我能感受到的最大的幸福。

酒店中午十二点退房，我们的航班在晚上九点，老公咨询了酒店可以延长退房时间，我们能够

再悠闲地享受一个下午，不必慌张，待晚上吃过晚餐再走，酒店有船送我们去机场。

越到最后时间就越转越快，所有的不舍都要一起收进行囊，不得不说再见，马尔代夫简直就是小朋友的游乐园，每天乐此不疲地做同一件事情都不会厌烦，孩子的世界更多专注，简单的小快乐于我们也是，那么美好，那么安逸，这一颗颗散落在印度洋上的珍珠，我们一定还会再次到来，又将会撷取哪一颗呢？我已然开始期待。

经过前两次带宝宝旅行的实践，觉得最适合带着小宝宝去旅行的地方非海边莫属！路程不要太远，行程不要过于颠簸，最好就是出发、到达、停留，就窝在那儿，面朝大海，给孩子一片沙滩，我们安逸地享受假期就好，孩子基本不用管了。

一岁三个月的小小兽走路已经可以稳稳当当的，也明显有了自己的喜好，我们刚放下行李，小小兽就已经自己跑到客房外的小院子里开始玩耍，前两晚住沙屋，小朋友尤其喜欢那个放在门外的冲脚丫的水桶和水舀。有沙子和水的地方对于小朋友来说简直就是乐园，不一会儿就全身湿透，天气那么热，直接给穿上一个防水纸尿片继续挖沙、玩水。岛上的生活很简单，挖沙、玩水、吃吃喝喝足以概括，适合全家来度假休息，很庆幸没有在蜜月时来马尔代夫，我反而觉得这里更适合带孩子一起来玩。

这次我们乘坐的是夜航，经济舱，路上特别累，虽然时间不长，但是夜晚坐着也睡不舒服。不过如果宝宝小，可以在购买机票时向订票网站或者直接向航空公司电话预订婴儿睡篮；或者申请靠前面的座位，空间大一些，有婴儿睡篮最好，不至于全程抱着。这年龄段的宝宝已经没有小时候那么乖巧老实，如果时间充裕尽量不要带宝宝乘坐夜航经济舱，不过公务舱和头等舱无所谓，经济舱的话可以选择白天的航程，白天醒着坐几个小时和晚上坐着睡几个小时完全不同的感觉。后者我应该不会再去尝试了，至少是在宝宝小需要全程照顾的时候。

反季旅行，无论是从寒凉的地方飞温暖的地方，或者是从温暖的地方去到寒冷的地方，切记给宝宝及时添减衣服，不要把所有的行李都托运，临下飞机就给宝宝换好适合的服装。尤其是像马尔代夫这样炎热的地方，防晒工作要充分做好，早上出门擦防晒霜，脖子、腋下涂抹防痱液，晚上最好给宝宝洗个去痱止痒的泡泡浴，擦干身体后涂抹晒后修复乳液。每天在外玩耍随身带把小扇子，一件防晒衣，既可以防晒，又可以在空调房间防止身上有汗的宝宝被吹感冒。当然也要注意时常给宝宝擦擦汗，保持身体干燥，备好去痱水，更小的宝宝带上松花粉，一切有备无患。

来马尔代夫，选岛也要多加注意，有些岛距离马累机场比较远，水上飞机接送，噪声比较大，个人觉得对小宝宝的听力不太好。我们当时选择快艇上岛，备些晕船药，给小孩别用那种直接吃完了预防的，是药三分毒，尽量少服药。最好准备那种按摩药水，副作用小，一般这种短程的也不太会晕船。如果宝宝有不适应症状，难受、恶心，可以稍微擦一些在手腕、太阳穴缓解。

选岛时还要注意一点，马尔代夫有些岛是不接待婴儿和孩子的，具体限制依据年龄不同。也有些岛单单只是水屋不可以让孩子入住，但是据说签署一份协议即可，大家去之前最好了解清楚。

来马尔代夫不用担心宝宝吃饭问题，飞机上给宝宝预订了婴儿餐，就是那种瓶装果泥蔬菜罐头，到了岛上几乎每个餐厅都有 infant food，别看只是汤汤水水，但是很丰富，水果种类更是多样，总有适合宝宝的。

每次旅行都会有小小兽长大一些，眼看着成长的感觉，而且旅行中我觉得最美好的则是一家三口亲密无间的亲子时光，全家人在一起，没有工作的压力，没有生活的琐碎，我们就那样躺在海边，静静地，静静地感受着彼此相互之间的美好和爱。

情结这东西挺可怕的，让人丧心病狂。

Part 4
许你一个似水年华

以情结的名义
2013 年 11 月 24 日

并不想视旅行为一种冒险，而只是一种行走和遇见的方式，如今并存着回忆，曾经自己走过的路、去过的地方，想带着小小兽再走一遍。并不是所有，而是那些让我做过梦的地方，那些梦境与现实分不清晰的地方，我第一个想到的便是乌镇。才刚刚一个人旅行的时候就到达过的地方，往昔一个人的似水年华，叹青春流逝，岁月才是人生开的最大的玩笑，时间永远静止，褪去烂漫和幼稚，填满于心的是经历并收获的温暖。世间总会出现一个人去到你的生活，就像花瓣终要挣脱花苞绽开生命一般，让你忘记曾经所有悲伤的过往，笑颜盛放。渐渐地不再做少女情怀的梦，生活脚踏实地的美好，并且真真切切的幸福，从孤单的一个人到幸福的两个人，孩子的到来更让生活充实而丰满，但又变得简单。许他一个健康的体魄和快乐的灵魂已成为我们为人父母当今最大的心愿，然而心贪婪得又已经成为一种习惯，想带他看世界，想带他一起行走，内心蠢蠢欲动着一份情结，越来越汹涌，随时都将决堤一般猛烈，去乌镇！带着小小兽一起去乌镇！

六年后再见乌镇，曾经一个人在这里给自己过二十六岁生日，如今带着儿子一起去乌镇为自己过三十二岁生日。我害怕生活是一成不变的，我更害怕生命成为固定的模式，旅行会让人变得强大，我要努力变得更强大！曾经的翅膀早已丰满，现在我要让它变得更强健，坚实有力地呵护我最爱的天使茁壮成长！

2007年去乌镇是真正意义的“一个人的旅行”，2013年去乌镇也是我真正意义的“独自带着小小兽去旅行”。

这次旅行计划由来已久，一直很想再来上海，见见朋友，带小小兽见见小朋友，最初的计划只有上海，最初的时间也定在十一月初，谁想阴错阳差地就推到月末。翻看日历，心就开始起伏，像是在土壤里埋下一颗小心愿，想破土而萌，但是又怕老公反对。他是绝对不放心我一个人独自带着小小兽去旅行的，但我知道老公又很想满足我的心愿，他总是如此溺宠于我，得知大妞妈可以陪我们一起游乌镇，老刘才犹豫地吐出那两个字，可以！

22号下午一家三口动车由北京前往上海，就住在老公朋友家里。上海我曾来过三次，这次并无太多计划。三天两晚，和老刘分别见了各自的朋友，到周末老刘就独自回京了，我和小小兽还要在上海停留一晚。连绵的阴雨让人懒散起来，带着娃娃的旅行，出行时间和是否可以出行又都由娃娃的作息而定，也不想再折腾小小兽，整个下午就窝在酒店，三两个好友，暖暖的咖啡，美味的红丝绒蛋糕，晚上约朋友在房间坐坐，对面的江景同样很美，如此的上海之行也不失为一种享受，完美，足够。

明天出发乌镇，意外还是来了，大妞发烧了，陆陆续续几天转成肺炎，妞妈却还要坚持至少送我和小小兽到乌镇。都是当妈的人，怎样的心情不说也知道，就算天不怕、地不怕，最怕最担心孩子生病，我又怎么能只顾得自己让妞妈陪呢？但乌镇的酒店早已预订好，车票也已经买好，其实这一切都是次要的，那份对于乌镇的情结早已让我丧心病狂，我决定一个人独自带着小小兽去乌镇。我知道，安全第一，安全第一，安全第一，旅行次之，其实我心里确实有些忐忑，确切地说是紧张，虽然我已经准备得很充分，精简行李，只有一个背包和一部童车，还准备了背带，我可以的，必须可以！我们一定会顺利的！安全第一！

幸福往年
2013 年 11 月 25 日

昨日的忐忑在一夜间早已消除，清晨的闹铃叫醒了昏睡的我们。行李昨晚就收拾妥当，怕手忙脚乱我习惯早有准备。洗漱穿衣，待小小兽吃过早餐我们就出发了。11 点 30 分上海前往桐乡的动车，很方便。其实此行我最担心的是火车转大巴，然后再坐公交，在我脑海里已经预演过无数次，怎样放行李，怎么收推车，同时，照顾好孩子！这是最关键的！万幸，一切顺利！

动车依旧选择商务舱，很宽敞，婴儿车能直接推上去，上海到桐乡只需 47 分钟，正好小小兽吃母乳的时间。桐乡火车站出来就能看到去往乌镇的大巴车，K282 路，不过和我想象的出入很大，并不是那种下面放行李的机场巴士，就是普通的城乡公交。少去了收行李的麻烦，“大力妈”背着行李直接把推车连带小小兽一起扛上汽车！半个多小时车程，温暖的一路，小小兽闹着要我抱，好心的大叔给我们让了座位，汽车到站又帮我把行李和推车搬下去。小小兽半路就睡了，下车后放在推车上又接着睡，出汽车站就是公交站，K350直达西栅景区，连孩子带车我又再次扛上了公交车，一路颠簸，终于，我们顺利到达乌镇西栅！顺利入住！我的心彻底踏实下来！谢天谢地！

六年前的我不爱西栅，她太过精致，那不是我要找寻的乌镇，《似水年华》的毒中得太深，思绪陷入某种情结中无法自拔。记忆深刻的那个清晨，我独自一个人站在东栅的桥上，看见第一眼日出我竟然号啕大哭，伸手去触碰阳光，心像是被电击了一般，收紧五指，空空的掌心，我知道我想要抓住某种东西，那是我不曾拥有过，一直没有得到过的，那种叫做幸福的东西。生活貌似忙忙碌碌，内心却总有一份缺憾，就像

51
52

寒冷冬日的艰苦呼吸，冷澈冰凉的空气却怎么也呼吸不进心里，大口喘息，却苟延残喘，又像是大声呐喊，却发不出任何声音。人生总有起伏，我从未知道有任何一个人是不经历什么就可以成长和收获的，深壑低谷，只是对于人生的某种锤炼，只要还有明天，我坚信翌日的阳光都是老天赐予的最美的礼物，我也会等到我想拥有的幸福！六年后，我带着我的幸福回来了。

如今再到乌镇心境已完全不同，或者说根本无心去思考所谓的一直要找寻的某种情结，能再到乌镇，心愿就已经了却，这不是梦，我确实地触摸到，这依然还是梦，让人幸福到飘摇。曾经一梦就不愿再醒来，如今却更懂得把握生活中的点滴美好，那么梦也会更美满！

娃娃的旅行
2013 年 11 月 26 日

小小兽很爱乌镇，我知道的。每天都像一只快乐的小鸟，扬起胳膊跑来跑去，在古老的深巷中，小脚丫一大步一大步地踩在青石板路上，很有节奏地迈着步伐，喜欢新奇，爱好探索，分分秒秒都停不下来，还不让拉着、扶着，妈妈的视线不能离开半刻，紧紧地跟随在他身后，追逐着我的小小幸福。

昨天我们就只在西栅溜达，走走逛逛，无需慌忙，今天计划去东栅。

和小小兽睡到八点才起来，收拾好行李在酒店吃早餐，鸡蛋、面包、水果和蔬菜，比较丰盛，那么这一餐的营养就摄取均衡了，这应该是带着小娃娃出门旅行最不好解决的问题。有备无患，为了这次出行我特意准备了一个小小的电煮锅，功率不大，但是给宝宝煮粥煮面相当方便。曾经的旅行想要达到完美也许少不了疯狂，旅行不就是一个释放自我的张扬过程嘛，如今完美的旅行只有一个必要条件——小小兽健健康康出行，并且，平平安安回家！不生病！

从西栅到东栅有免费的班车接送，从酒店到西栅大门也有电瓶车，很方便。经过的都是熟悉的路，曾经我都走过，在记忆深处不断搜索着似曾相识的符号，某一座桥，某一段路，好像六年前的情形只是出现在昨天。当时我从老街去西栅，一路行走过去，不记得走了多久，只记得是傍晚，因为那时西栅的门票会便宜很多，过于精致的西栅让曾经还有些文艺气息的我着实无法接受，心心念着我更爱东栅。微凉的夜晚在桥头独自吃一碗桂花酒酿，在空荡荡的街巷里纵情奔跑、舞蹈，回忆都觉得格外温暖。时间像是被施了魔法，越转越快，怎样奔跑都追赶不上，曾经的烂漫少女也已然嫁为人妻，当了妈妈，这一低头抬眼间，小小兽都已经学会走路，极力想挣脱妈妈的怀抱自己奔跑起来。而对于时间，我讲不清楚是应该感恩，还是只有无尽的感叹，那就感恩生活的赐予吧，唯有珍惜，唯有更努力，让美好继续，永远也不要丢了那股子劲儿，执著的劲儿！

东栅没变，过了清晨一样熙熙攘攘，络绎不绝的游人，曾经最爱的游廊如今有了更多的回忆，找了很久当年在墙上写的字，都已随时间淡去，看不到了，小小兽此时却吵嚷着要吃奶，只好在游廊里稍作停留，先安抚这小魔王再继续踏寻我的回忆。

同当年的我一样，一碗桂花酒酿就足以开心。给小小兽买了一块姑嫂饼，坐在水边长廊的椅子上啃外面的酥皮，问他好吃吗？居然认认真真地点头，笑得像三月的迎春，融化万物。这些年的旅行带给我最大的收获就是成长，更加自信。小小兽从七个月大就被我们带出去，每一次旅行也都觉得他长大了，这次居然还学会帮妈妈拍照，相机放好位置，我去摆 pose，他就咔咔不停地按快门，有时候还主动坐在地上手指着相机让我给他拍照。并且我现在说的很多话他都能懂，很多词语可以跟着我模仿发音，对于他的成长我真的不愿错过一分一秒。其实想想作为妈妈我很自私，固执得将小小兽“据为己有”，不放心把他交给任何人照顾，从他出生到现在我一天都没有离开过，我可以不去旅行，我可以舍弃我一直很想去的地方，但是，但凡去旅行我都一定要带他在身边。旅行的意义对于我早已经颠覆，小小兽就是我旅行的意义，带着娃娃行走世界，我所拥有的不是牵绊，不是疲累，而是更加满满的爱与幸福！

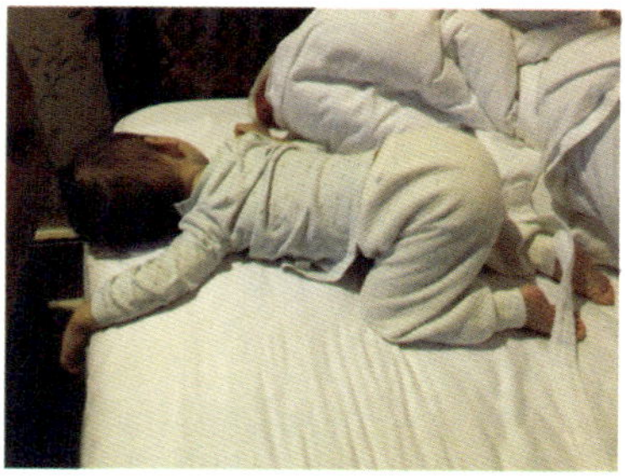

祝我生日快乐
2013年11月27日

2007年11月27日，我26岁生日，一个人从西塘到乌镇，给自己过生日，没有蛋糕，也没有鲜花，梦想就是自己给自己最好的礼物，人生最奢侈的并不是用金钱可以购买到的物质，而是心中的梦想在自己的努力下得以实现。人不疯狂枉少年，其实我已经过了做梦的年纪，但我承认自己是个贪婪的人，如此的梦境我想在现实生活中再拥有一次，甚至是更奢侈的梦想，带小小兽一起再回乌镇，许你一个似水年华。

起初老公也因为安全问题犹豫过，但对于我说出口的梦想他都尽一切可能帮我去实现，无条件支持我，包容我，在我说想要，在他同意的片刻，已经帮我订好回京的车票。生日可以不需要鲜花和蛋糕，但最亲的人一个都不能少，最亲爱的老妈和老公，宝贝小小兽，赶27号一早的动车回家，在晚餐前到家，团聚。

我是个矫情的人，年少的时候如此，如今不减当年。生活较曾经富足，生活较曾经也越来越俗气，被越来越多欲望占据，但是我希望自己的内心永远还有那么一股子劲儿！执著的劲儿！有些心愿萌生就一定要达成，人生不能有太多遗憾，我不想在几十年后待我年迈之时回忆青春都是一个个未完成的梦想，我要在回忆中满满的都是骄傲！如果说女人都爱慕虚荣，那我想让这份坚持成为我最执著的虚荣！让我无时无刻能够去炫耀！

这些年我变了不少，毕竟六年时间完全可以改变一个人，人生不止一个舞台，我也想改变，渴望改变，变得更自信，更强大，但其实自己是知道的，我始终都没有改变，那份内心的怯懦是性格之初，我只是学会去隐藏，越来越娴熟地去隐藏。离开这么久，乌镇也没变，抑或是喧嚣还是安静，也许你一眼望到深街窄巷中的熙熙攘攘，但在不经意回眸间，年迈的老者端一碗清汤挂面在自家的门堂里细细品咂，那才是他平静安然的生活，从不被我们这些外人打扰。究竟我们如此矫情地在寻找和探寻什么，乌镇又与我何干？仿若喧嚣绚烂的夜店，纵情歌舞，音乐却在瞬时消失，而我们却不能及时停下步伐，无声中疯狂的舞蹈，那一刻的莫名和空洞，唯有自我陶醉的情感依存。自己为自己编织的梦境，又如此陶醉在其中，这可能就是旅行对于我的另一层含义，旅行与思念一样，让遥远不再遥远，就如同我不是公主，但我想拥有童话！

似水年华的梦做了多年，却依然沉醉其中，点滴的感动于心，温暖一直都在。昨日返回酒店途中想为小小兽的晚餐买些蔬菜，一道都被热情的人指路，但市场确实有些遥远，无奈两手空空而归，途中却被街角一家小食店的老奶奶叫住，转身回屋，手捧了一把洗净的青菜递到我的手中。这一路从桐乡到乌镇也都有好心人帮助我，抬车、让座、搬行李，人和人之间并不只剩下冷漠，在乌镇你可以全情释放，温暖的冬日，温情依旧。

26日过了零时就是我的生日，32岁了，都说女人的人生是在30岁才开始的，我坚信！

零点，手机亮了，“生日快乐！最爱的女人！”

还记得我最爱的那首诗吗？再一次与你分享：

当华美的叶片落尽，生命的脉络才历历可见，是不是我们的爱情，也要到霜染青丝时光逝去时，才能像北方冬天的枝干一般，清晰、勇敢、坚强，而且温暖。

——聂鲁达

兽妈说

这次旅行的确是一个大胆的尝试，但是我依旧不建议家长们盲从，尤其是妈妈自己一个人带孩子去旅行。

貌似韩国之行那次才说过一个人带孩子旅行不敢想象，这才几个月的时间我们已经独自在路上了。虽然出发之前有些紧张，有些忐忑，在脑海中一次次预演各种将会遇到的情况，不过我对自己比较有信心和把握，我一直觉得自己是个很强大的女人，强大不仅仅在单独照顾孩子的能力方面，更在心理方面。人在尝试任何自己未曾接触过的事情之前都会产生恐惧感，尤其是具有一定难度的事情，有时候还没开始就先被自己吓倒了。带孩子旅行不难，但是，麻烦，我所说的麻烦不是嫌带孩子麻烦，是同只有我们自己去旅行相比，考虑的问题多了，琐碎的事情多了，游走的顾虑也多了，收拾行李的时候就会发现旅行箱一多半都被孩子的物品占据着。带着孩子去旅行更不是黏着一个多余的小尾巴固执着自己的旅行，那种感觉很微妙。这是上天赐给我的小人儿，他需要我无微不至的照顾，他需要我无时无刻的陪伴，但这一切又让我心甘情愿，在任何时候我们彼此联系在一起，分不开，他分分秒秒都需要我，其实，我更离不开他。

一岁四个月的小小兽虽然活泼好动，但终究还“逃不出我的手掌心”，可控的，跑跑颠颠，我就跟在他后面。刚开始我们还带着防走失的牵引背包，但古镇人也不多，就索性放开他给他自由。而且我觉得古镇游还挺适合这么大的小朋友，如果孩子太大，古镇没有更多的娱乐项目，小朋友会觉得无聊，而现在这个年龄段的宝宝对任何事物都感兴趣，踩踩石板路、爬爬石桥都会很开心。阳光爬过屋顶散落在石板路上，小小兽仰着小手臂踩着自己的影子像只小鸟般玩耍、欢笑。他尤其喜欢水，这可要看牢，总试图跑到水边用小手去撩水。冬日的古镇人不多，安安静静地住几日很舒服。每天太阳升起，出门走走，晒晒太阳，闲适而安逸。古镇不大，宝宝也不会太累，即便是走累了就直接回到酒店休息，我们就住在古镇里面。老妈回忆着往昔的青春岁月，宝宝享受着在阳光下肆无忌惮奔跑的快乐，这样的旅行让我欲罢不能。

中国这样的古镇很多，我自己以前曾去过几个，都比较喜爱。但是如今古镇开发得已经很完备，周末或者节假日人很多，不建议这时候前去，体会不到古镇平素的质朴的美。休个年假，找个人不多的时候带宝宝去住几日会比较安逸。另外古镇多在距离城区比较远的位置，高铁到达后也要继续坐大巴或者公交车，带着孩子要尽量选择合法经营的公共交通，安全第一。另外计算好到达时间，古镇一般白天人很多，夜晚就没什么人了，最好不要夜晚到达，依旧是安全起见。另外古镇住宿我也推荐在正规旅行网站预订合法经营的酒店或者客栈，当年自己一个人来乌镇我住在东栅的民宿，大部分民宿固然是安全的，但是带着孩子旅行切不能心存任何一丝侥幸心理，再次重申，无论何时何地，安全第一，住宿也是如此！

乌镇之行是我第一次尝试完全自己一个人带着小小兽去旅行，从此

就一发不可收拾。很多人觉得不可思议，又带孩子，又做饭，还要拍照，等等，根本不可能。我想说的是，只要你真心热爱，只要你想，就没有任何不可能完成的事儿！不过，再次提醒家长们带孩子旅行时还要注意以下几点安全防范措施：

1. 无论何时都不能让孩子离开自己的视线范围！即使在视线范围内也不要让孩子跑离自己身边太远。去卫生间时可以去那种无障碍卫生间或者家庭卫生间，如果没有这样的设施就把孩子一起带进卫生间隔间，实在隔间空间太小孩子不得不在隔间外时，敞开门，最无奈门都无法敞开时，就引导孩子在隔间外唱歌或者说歌谣，和孩子不停说话，以确保孩子时时刻刻都在隔间外！

2. 不要把宝宝单独留在酒店，也绝对不可以把宝宝单独留在房间！

3. 不要相信任何人，不能让任何人抱孩子，不能让任何人帮忙看一下孩子，拒绝陌生人哪怕是再真挚、再热情的亲近。

4. 家长带着孩子逛街购物时候容易大意，尤其是结账时，把孩子抱起来，或者放在推车上面对自己，任何时候视线不要离开孩子。

5. 在大路上行走让孩子靠内侧，尽量不要靠近路边走，注意往来车辆，随时牵着孩子的手，或给孩子带上防走失背带。最好让宝宝坐推车，到达安全目的地再放下。

6. 手机锁定屏（按一下就可以显示的）放一张一家三口的合影，或者随身携带一张全家合影照片，我每次都会如此，尤其在国内自己带孩子旅行时。

7. 选择公共交通工具，乘坐合法运营车辆，酒店选择不宜偏远，并且选择正规酒店。不要去人迹稀少的地方，也不要去人太多太嘈杂的地方，夜晚最好不要出门。另外提前计划好路线和行程，随身携带地图和酒店的名片，或者记下酒店电话和地理位置。

8. 带孩子旅行时不要轻易在网上暴露自己的行踪。

9. 在网上学的招数，万一遇到危险，有陌生人冒充家人抢孩子，围观者不能辨别是非情况时，当机立断找身边坚实物体毁坏他人私人物品，例如砸路边停靠的有主人的车辆，实在不行，抢周围人的手机重摔在地上，这是实在没有办法时实施的下策，以唤起周围人注意，大声呼救。

10. 如果孩子走失，迅速报警！

不过希望最后两条提到的永远都不要发生，带孩子出门安全第一，固然是去旅行，但是旅行的首要条件永远都是安全第一！能全家一起出门最好一起去旅行，依旧不提倡妈妈们单独带宝宝出去旅行，除非你有足够的把握！

“天上的星星不说话，地上的娃娃想妈妈，
天上的眼睛眨呀眨，妈妈的心呀鲁冰花”

Part 5

/ 孤单南半球 /

逆风飞行
2014 年 2 月 16 日

再讲旅行的意义，俗了，旅行于我越来越讲不明原因，也许根本就不存在原因，就仿佛纠结于人为什么而活一样，就是活着，客观存在着，旅行没有理由，更没有借口。我不行走给别人看，旅行是自私的，尤其是在旅途中，只跟随自己的内心行走，为自己的精彩而精彩。

一年 365 天，幸运的时候多一天，每天都像是一个空白的格子，拿起画笔，你可以是黑白的，更可以选择彩色的，因心情和心境而定，我爱太阳的颜色，我想把每一天都涂上明媚的色彩。旅行的日子就像是抓了一把音符，洋洋洒洒地填满在格子中，你会带动世界同你一起舞动，如果非要牵强地找原因，这就是我爱上旅行的原因。

新西兰之行想了好多年，大学好友十年前移民到这里，一直邀请我来玩，拖到现在，曾经的烂漫少女都已嫁作人妻，如今都成为了妈妈，却谁想即将成行又是波折不断。首先是签证，已然由一名建筑设计师直接转换为家庭主妇的身份，而全职家庭主妇在国内还并不完全被认可，一个全职家庭主妇独自带着一岁半的孩子去旅行更是麻烦不断，签证跑了很多次，各种公证函，一并递交上老公的所有收入和工作证明，终于，两年多次往返新西兰签证搞定，在我预期的时日之前。订机票，订酒店，定行程，只待新年一过，和老公一起度过五周年的结婚纪念日，情人节，正月十五，出发，幸福满满的二月。

对于独自带孩子去旅行，老妈和公公婆婆的担心是肯定的，但如果一个三十几岁的成年人并也已经是一个妈妈，连对自己和对孩子生活的决定权都没有，那样的生活还有什么意义？待我们回忆人生的时候，满满的遗憾只能找到一个理由——“我妈不让”，那将是多么可悲的一件事情，生活中很多事情可以妥协，唯独旅行不可！

小波折依旧继续着，计划2月15日由北京飞往奥克兰，出发四天前我开始重感冒，连扎了三天针灸，却不见好转，临走前一天嗓子几乎说不出话，小小兽也在即将出发的前两天突然出热疹，幸好医生说无碍，热疹俗称痱子。不过终于还是改签机票晚一天出发，原计划周日到达奥克兰拖到周一清晨到达，而周一朋友要上班无法接机，没敢跟老公说，只是找个借口自己预订了奥克兰的酒店，到达后打算在机场乘坐super shuttle去酒店。祝我们好运吧！

失眠的感觉就像有人在你的大脑里点了一盏一百瓦的灯泡，就那样顽固地亮着，直到夜里三点，但是比起失眠更痛苦的就是缺觉，全世界都被黑暗杀死了。我亲爱的北京，再一次暂别，舍不得，却又爱上旅行，就仿佛旅行是我的爱人吧，异地恋着，却又舍不得家……爱恋与牵挂，纠缠，纠结。

2 月 16 日，启程。

推着睡眼惺忪的儿子，在和老公告别转身走进国际出发的那一刹那我就哭了，不住地回身寻找他的身影，却不敢让他看到我的眼泪。男人当了爸爸以后亦会无比脆弱，我知道他舍不得我们，但却依旧全力支持着我的旅行，他知道那是我生活的一部分，他懂得旅行对于我的意义。有时候真的觉得自己是自私的，独自带着孩子走这么久，但我欲罢不能……再回头，看到老公站在安检口旁边，依旧翘首关注着我们，有种想匆忙逃离的感觉，逃离那不舍的视线，隐藏我们的脆弱。

这次旅行老公怕我们飞行时间太长太劳累，给我们预订了公务舱的机票，香港转机，休息几个小时再飞奥克兰，一切都很顺利。我一直说小小兽是天生的旅行家，北京和奥克兰有五个小时时差，在我困又睡不着，醒着又犯困的时候，小家伙已然在飞机上完全调整好时差，吃喝都不耽误。尽管飞机上的空间狭小，他总能找到自娱自乐的事情，观察每一个陌生人在干什么也会乐此不疲，对每一个陌生人微笑，只要有食物和玩具，飞行对于小小兽来说也是一种享受。

新西兰时间2月17日早上7点30分，我们顺利到达奥克兰国际机场。

其实我也紧张，自己走了这么多年，国外的城市也去过几个，但依旧是烂到极致的英语，可我不得不感谢我的运气，顺利提取行李，顺利入境，顺利找到我们要乘坐的车，顺利抵达酒店。国外的酒店基本都是下午三点才可以入住的，现在上午十点恰好有空房，顺利入住，一颗心才完完全全踏实下来，才敢给老公电话报平安，并且汇报我们的一切行动，不过经过这几次的旅行，老公还是很相信我的能力的。

洋洋洒洒的旅行，插曲不断，曾经自己一个人的旅行倒无所谓，现在带着孩子去旅行，万事都要想得周全。新西兰入境检查很严格，像食物、水果，甚至某些药品都是不可以入境的，之前在家就把小小兽的药品及用途挨个注解了中英文对照写在一张纸上放进行李箱，以防万一我那糟透的英文无法解释清楚。再有就是要如实填写入境申报表格，边境官也都很通融，小小兽的面条、酱油和盐都顺利入境，倒是我的一件价值百元的“皮草”着实让边境官们研究了半天，我一再解释那不是真的皮草，最终半信半疑地被放行。如此的小插曲就像旅行中弹跳起来的音符，惊喜又美好。

南半球初体验
2014 年 2 月 17 日

奥克兰是新西兰第一大城市，自然与现代相互交融，素有“风帆之都”的美誉，不过我倒是很喜欢毛利语对于奥克兰的语译：“纯洁的少女和一百个情人”。毛利人是新西兰最早的原住居民，独具魅力的毛利文化已经成为了新西兰的标志，曾经在上海世博会看过一次毛利人特别的迎宾方式，当时应该是迎接比较重要的客人，整个部落的人都穿着草裙，画着脸谱，赤膊光足，为首的手持长矛，一面吆喝着，一面向客人挥舞过来，并不时地吐舌头，临近客人面前将一把树枝投在地上，客人拾起树枝恭敬地捧在掌心，等待首领挥舞完毕再双手奉还，据说这是比较隆重的“挑战式”迎宾。还有一种迎宾方式是“家庭式”迎宾，会场开始时是一片寂静，男男女女整齐地列队两旁，在一阵长时间沉寂以后，一声响亮的吆喝，走出一位赤膊光脚的中年人引吭高歌，待歌声落，姑娘们在大家的低声伴唱中翩翩起舞，歌停舞罢，毛利人一个个走过来同客人行“碰鼻礼”，鼻尖对鼻尖，互碰三次，听起来蛮有意思。据说基督城动物园有专门的毛利人表演，到时候我们也可以去亲身感受一下。

奥克兰比较高的建筑几乎集中在奥克兰码头商务区这一带，以天空塔为首。走在奥克兰的大街上，可以看到极富殖民地色彩的19世纪建筑物。与我所住的酒店相邻的女王大街是奥克兰最著名、最古老和最繁华的街道，现代与古意相随，但也人满为患。一直以为奥克兰已然进入秋季，却谁想烈日当头，明明是夏天的节奏，简直“挥汗成雨，比肩接踵”。

这次在奥克兰预订的酒店是奥克兰巴克莱套房，新西兰的酒店大多设有厨房，厨具、餐具一应俱全，但我依旧背着小煮锅以备不时之需，当然还有充气澡盆。这对我来说很珍贵，有些事情不一定要留给回忆，现在体验也是一种美好，带着娃娃，背着澡盆和煮锅的旅行，其实这样的时光不长，分分秒秒都值得珍惜。

首先去超市大采购，填满冰箱，开火做饭。喂饱小朋友之后去天空塔附近逛逛。奥克兰超过半数的人口信奉基督教，所以奥克兰的教堂很多，总觉得教堂是一座城市的点睛之笔，令人神往，更让人心生尊重。我依旧喜欢我的建筑，小朋友钟爱广场和草地，尤其喜爱伊甸山，这也是我们今天唯一的行程，在伊甸山上俯望美丽的奥克兰，从黄昏到夕阳西下。伊甸山是由三座火山口排成一线形成的，如今火山口已经被茂密的树林和草木覆盖，纵览山下，田园风光与都市的美景交相辉映，一片祥和安逸，才发现去了那么多地方，新西兰是唯一想让我留下来生活的，喜欢这里的气息，喜欢如此不慌不忙的生活。

铺满阳光的幸福
2014 年 2 月 18 日

南半球的阳光铺满整条街道，耀眼的光线穿透每一处缝隙，酒店落地窗厚厚的遮阳挡也未能逃过阳光的肆意，一道光线直接照在脸上，旁边的娃娃懒洋洋地刚刚醒来，看时间，已经上午十点半，奥克兰的第二日开启！

在奥克兰我们并没有太多安排，整个新西兰的行程我都没做具体详细的计划。以前旅行至每一座城市每一个景点都很想到达，永远都在不停的行走中，最不愿错过每一座城市的清晨和黄昏。如今带着娃娃一起旅行完全颠覆，放慢了行走的脚步，更放慢了心情，像过生活一样，把我们在北京的生活搬到新西兰，依照小小兽的作息，不慌不忙地感受新西兰的点点滴滴，也更深刻体会到，旅行的美不在于到达，而在于过程。

洗漱完毕已经十一点左右，早餐时间算是错过了，给小小兽煮了三文鱼蔬菜面和他最爱的鸡蛋，本想自己的午餐做嫩煎三文鱼，才发现忘记买油，于是用新鲜的番茄汁代替，完全糊在锅底！还好小朋友已经喂饱，自己胡乱啃了口面包，塞了个鸡蛋，早午餐搞定。这是一个人带孩子旅行唯一的难处吧，没有一餐可以踏踏实实地在毫无干扰的情况下享用，未来待我瘦回当年体重定有小小兽的功劳。

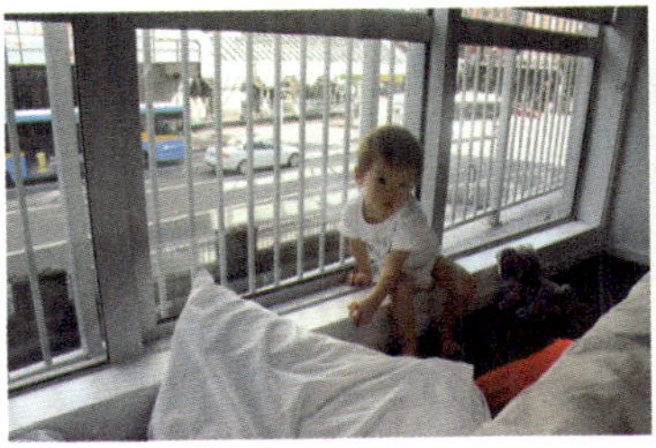

出门时已经十二点整，反正一整天奥克兰的阳光都如此强烈，太阳像一直挂在天上一般，直到夜晚八点天都大亮着，今天要去码头和市政广场逛逛。

酒店临着女王大街旁边的一条街道，不那么嘈杂，而且位置理想。酒店出门左转步行五分钟就是一个巨大超市，几乎需要的所有物品都可以在这里买到，尤其是食物。出酒店向右走两分钟又是一家大型日本进口超市，在那里买到小朋友的纸尿裤、鱼生酱油和芥末，好吧，既然没有油，那晚上就直接吃生鱼片，新西兰的三文鱼可是非常新鲜的。从酒店去往天空塔、码头、市政广场都很方便，步行溜达着也就十分钟左右。奥克兰的道路有很多很陡的坡路，推着小小兽的童车着实需要一些体力，下坡的时候也不轻松，但是蓝天白云微风徐徐的天气，在外面已是一种享受。

先带小小兽去码头广场跑跑，喂喂海鸥，看看大船，小家伙兴奋得不得了。可是他却怕海鸥，着实让我头疼，奥克兰几乎到处都是海鸥，尤其是下午去到市政广场。一直想象着一幅很美的画面，小小兽追着海鸥扬起手臂在大草坪上四处奔跑，笑容溢满幸福的脸庞，而实际上却是小小兽被海鸥围着嗷嗷大哭，又好奇又害怕，原本可以很轻松的下午茶，坐在草坪上悠闲地喝咖啡、晒太阳，却被小小兽纠结了一下午，爱与恨反复纠缠。我小小的麻烦宝儿啊，你让老妈如何是好。

太阳渐渐西下我们才恋恋不舍地回到酒店，继续过我们的小日子，洗菜做饭，而奥克兰的行程也暂时告一段落，明天一早我们就要飞去南岛的基督城，再回奥克兰大概在十天以后。新西兰的每一处城市都充满着新奇，也有更多的期待，美好总在太阳升起的新的一天继续到来，晚安，奥克兰，再会，纯洁的少女和一百个情人。

基督城慢生活
2014 年 2 月 19 日

前一天在酒店前台预约了机场的 super shuttle，没有购买太早的机票，待宝贝睡饱了，不慌不忙吃完早点我们再出发。

在奥克兰只和大学好友匆匆见了一面，我是习惯独立的人，任何事情不喜欢麻烦别人，旅行也是，能够独立完成的事情绝不拖累麻烦旁人，况且两天的行走对于奥克兰几乎已经轻车熟路，奥克兰打车不方便，但在酒店预约出租车和 super shuttle 还是比较方便的。super shuttle 很有意思，它会根据乘坐人数收费，人越多，均摊到每个人的费用越少，一辆车最多可以乘坐九个人，今天几乎坐满了，所以和小小兽两个人一起大概 30 多新币，比较划算。一辆车上坐了至少四五个国家的人，像个小小的联合国，除我们

以外还有新西兰人、法国人，另有一对东南亚的老夫妇，大家一路上有说有笑。我的英文不好，只能听懂简单的几个单词，倒是小小兽见大家又说又笑就跟着手舞足蹈地乐呵着，好像他都听懂了似的，也是，他才是地球村的孩子。

奥克兰到基督城走国内出发口，奥克兰国内机场不大，很多服务都是自助的。这是我第一次遇到，拿到机票后要自己把行李放到传送带上，然后行李就直接上飞机了，而且要求儿童推车也要一起托运，着实给我造成了不小的麻烦，短短

十几米的路愣是走出一身大汗。一个大箱子、一部推车、一个双肩背、一个手提包，外加一包纸尿裤，还得托着一个离不开人的娃，幸好老妈够强壮，终于踏踏实实过安检，只待登机。

很庆幸，小小兽在飞机上几乎睡了一路，闹觉还是有的，狭小的空间大人都会不舒服更别说是孩子，真是考验老妈的耐心和各种速效安抚手段。趁着小小兽睡着点了一杯咖啡和一个麦芬，的确有点饿了。捷星航空被称为空中客车，机票很便宜，但其他服务都会另行收取费用，比如行李托运和购买飞机上的食物，唯一和地面上公车不同的就是没有站票，紧紧凑凑坐满了人，感觉呼吸都紧迫，还好一个多小时的飞行，小小兽醒来开始闹的时候飞机已经开始降落，基督城到达。

对于基督城我还是比较喜欢老城，虽然三年前的大地震让老城几乎被夷为平地，尤其是市中心广场庄严肃穆的天主教堂，这个基督城的标志可以说已经面目全非，经过时总有一种莫名的悲伤涌动。基督城是我在新西兰这些天体会到最安静的一座城市，城里的人很少，特别是夜晚，

街上几乎没有人，但却依稀可以感受到这里曾经的繁华，透过那些立在建筑外面层层的脚手架，感受着依然浓厚的英伦气息，比比皆是19世纪的典雅建筑。新西兰英国移民占多数，都说基督城是英国以外最具英伦色彩的城市，古朴又充满生机，雅芳河静静流过，灵动着基督城的每一寸草木。且在我看来，基督城老城依然生机盎然，干净整洁的街道，小巧精致的住宅，别致讲究的院落，浓浓的林荫，处处花团锦簇，尤其最爱老城的植物园（Botanic Garden），犹如童话一般的仙境，喷泉、草地、鲜花，古朴又精致的建筑，如此的美好让人迷醉，阳光肆意的午后，躺在草地上眯闭着眼睛，感受清风与阳光的抚慰，定是世间最美的一种享受。

预订的酒店坐落在老城正中心位置，是一座玫粉色的二层老别墅，酒店门外的大街正对着天主教堂，有轨电车从门前经过，往东步行五分钟路过雅芳河，再往前就是大教堂和教堂广场，向西行走五分钟到达植物园，如此一座美丽的花园城市，又是如此便捷的地理位置，怎能不放慢脚步慢慢享受。我们在基督城停留四天，不知四天时间是否可以完全感受到这座将优雅的生活方式和有趣的文化氛围完美融合的童话世界。

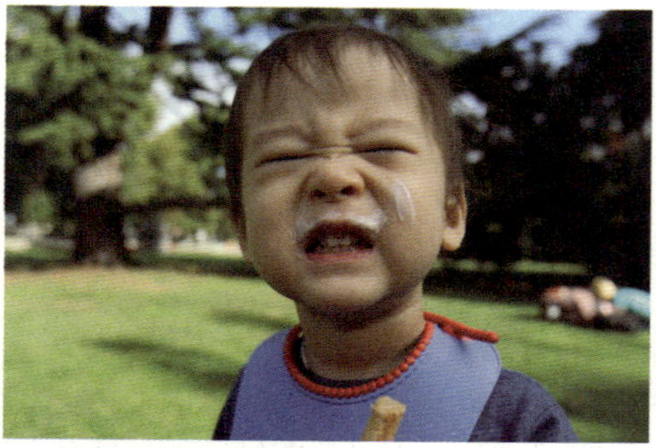

玫粉色的回忆
2014 年 2 月 20 日

每天的美好都从丰盛美味的早餐开始。这座玫粉色的小别墅不仅外表精致，开敞的大厨房、温馨的餐厅、明亮的起居室、精巧的庭院，尤其是严厉的管家“祖母”，更是为我们的基督城之行增添了生动的色彩。

酒店分上下两层，房间都不大，但是干净整洁且布置讲究，古典主义设计风格，厨房、餐厅和客厅都是公共的，有种家的温暖，咖啡、牛奶和各种饮料、水果自行随便取用。每天清晨，来自各个国家的客人们陆续来到餐厅用早餐，欢声笑语一片，“祖母”准备了丰盛的食物、精美的餐具、细致的布盘。祖母很严厉，永远都是古板着脸庞，尤其是遇到我那着实让人头痛的英文，表情会更加凝重。厨房虽然很大，但是不允许客人使用，得知我要给小小兽做辅食，祖母还是网开一面，特别允许我使用厨房，无尽地感激。更有意思的，小小兽正是活泼淘气的年纪，每次我在厨房做饭他都围着我满处跑，不是在餐厅捣乱就是跑到花园淘气，祖母追在身后一直都是“no, no, no”，经过几天的接触却也变得温和，还和小小兽逗着玩，听到小小兽弹客厅那架钢琴也不再总是皱着眉头。旅行总可以让些许的不融洽都变得那么和谐，甚至是美好，更留下让我久久难忘的经历。

每天伴着阳光，在教堂广场奔跑，吃冰激凌，沿着雅芳河散步，在集装箱 mall 吃现烤的披萨，看海鸥飞，步行去城外的超市大采购，将“布朗”吃到满嘴满脸还傻笑的孩子，感受着清风与阳光的抚慰。在玫瑰园野餐，与经过身边的有轨电车上的白胡子司机爷爷打招呼，去到各种精巧的庭院，看美丽的房子，嬉戏玩耍，在古老的街道中散步，美丽的教堂前拍照。这就是我们在基督城每天的慢生活，优雅闲适，不慌不忙，这也是我曾经旅行没有感受过的节奏，带着孩子的旅行绝不是累赘，而是给自己一个全新的视角，一种完全不同的感受，就像我说过的像过生活一样去旅行，更尽情尽致。

像过生活一样去旅行
2014 年 2 月 22 日

老城的生活是让人留恋和不舍的，新城的旅行又让人充满无尽的期待，这一天我们也要迎来新的伙伴开始一段崭新的旅程。

总说带着孩子的旅程是对曾经自己旅行的完全颠覆，但更是一种升华、一种挑战，特指饮食方面。为了让小小兽的一日三餐不单调，将我从国内带来的小煮锅简直用到了极致，从简单的煮粥、煮面，到做疙瘩汤、煮饺子，甚至是蒸包子。旅行对于孩子也是一种锻炼，无论从见识方面还是从适应能力方面，现在很多人都在说带那么小的孩

子旅行毫无意义，他根本记不住任何事物，但我也并不需要他记住什么，开心在当下，享受每一个美好的时刻，对于孩子来说，足矣，他的快乐我能感受得到。

基督城的最后一天带着小小兽去动物园，在基督城机场附近，酒店可以帮助预订出租车。基督城有两个动物园，我们选择了可亲近动物适合小朋友的。小小兽的胆子不是很大，有点像小时候的我，不过他很喜欢动物，喜欢那种不会主动亲近他的动物，比如池塘里的天鹅，比如圈

在笼子里跑不出来的猴子，还比如见到有人行走就立刻奔跑掉的袋鼠。但是他却害怕在路上摇摇摆摆走路的鸭子，也害怕把大脑袋探出木栅栏想要食物的羊驼，柔软的绵羊也害怕，情绪时而激动时而崩溃。如果这段旅行以小小兽的名义来定义，那一定是一场纠结的旅行，他用自己的方式感受着旅行的点滴。

四天的时间过得很快，仿佛转眼间，基督城又到了即将告别的时刻，我们的新伙伴婧婧夫妇也如约而至，红酒、牛排、烤鸡、罗宋汤，伴着鲜花的晚餐算是此站完美的收官，一切新奇的美好静待明日！

去牧羊人教堂看星星
2014年2月23日

清晨一场雨水来袭，着实让我们有些担心，雨天路滑，且是我们南岛自驾的第一天，车况路况都不熟悉。一早婧婧夫妇去取车，千叮咛万嘱咐一路小心，不过我们的运气真不错，取回车装上行李的功夫，天空已经放晴，大大的太阳瞬间把早上微凉的空气温暖，一路灿烂地照着我们前往特卡波湖！

我总说自己很强大，但是我知道我还没有强大到一个人单独带孩子自驾旅行的程度，右驾我从来没有尝试过，又是陌生道路，其间还有盘山路，况且小小兽单独坐那么久的车肯定不行，需要有人安抚。和婧婧在网络中相识，但我确实相信缘分，计划在南岛的时间差不多，想走的路线也相似，于是一拍即合，自驾这一段我们一起行走。

基督城到特卡波湖200多公里，大概3小时车程，路况很不错，车辆不多，这一路上的风景简直无法用语言形容。婧婧问我感觉是否和西藏很像，描述西藏我用壮美一词，形容新西兰我想说是一份柔美，一并着新奇，这里的空气很新鲜，甚至这里的蓝天白云对于我们都已经是一种奢侈！那些云朵像是将柔软的棉花扯成一片一片的然后又挂在半空中，就只在半空中，伸手就可以触碰得到，天空更像是轻点上去的水彩，慢慢韵开，只用了一种蓝色，却呈现万般色彩。

三小时的路程并不觉遥远，小小兽表现还不错，睡了一觉，当窗外的蓝天白云倒映在微波粼粼的蓝色湖面上时，到达特卡波湖。远山，近湖，层层的云朵，蓝蓝的天空，近在咫尺的牧羊人教堂，我们童话般的小木屋也亦然眼前。旅行有时候真的很像是一场梦境，在现实生活中的一切未能实现，在旅途中却都可以变为现实。人固然只有一种属于自己的生活，就像书中的一页，但世界是厚厚的一本书，曾经我的梦想就是可以去其他页看看别人的生活，体验不同的生活，现在我想带着我的小小兽一起去看这个世界。妈妈的肩膀虽然不高大，但是我很愿意让宝宝站在妈妈的肩膀上感受更多的美好，未来他也将有属于自己的生活，只希望待他长大的时候，回望曾经幼小的自己和爸爸妈妈一起的旅行，至少是一份温暖在心间吧。

“天上的星星不说话，地上的娃娃想妈妈，天上的眼睛眨呀眨，妈妈的心呀鲁冰花”。在特卡波湖边盛开着无数鲁冰花，鲁冰花春天开花，芬芳满株，等到缤纷凋谢，散落的花叶混入尘泥，悄无声息地呵护和滋润着大地，美丽的鲁冰花象征着母爱，温暖无私。古朴的石砌教堂，烂漫的花海，草木祥和，娃娃更爱这里，可以在石铺的小路上自由奔跑，仿佛一直奔跑到路的尽头就能去到云端，蓝蓝的湖水更将这一切美好复

制双重，海鸥在翱翔，落在不远的礁石上，懒洋洋舒展着翅膀，它有它的世界，于我们也是伸手即可触抵的美好，放空自己，像孩子一样投入美好。童话不仅仅存在于梦境，只要有心，童话也会降临在美好的生活中。尤其是入夜的星空，站在牧羊人教堂前，第一次感觉到自己与天空是如此的接近，周身都被包围在星空里面，只是不想打扰到夜空中那份宁静，不然我真的会伸手摘下一颗星星收藏，而现在我把这份美好记在心里，珍藏一辈子。

遇见精灵王子的世界
2014 年 3 月 24 日

小木屋的清晨被顷刻越过山顶的阳光唤醒，仿佛前一秒还在等待着日出，后一秒阳光已洒满整个落地窗，夺目的阳光瞬时照进房间，耀眼得又不得不拉上窗帘。这些天感受到的新西兰的阳光就是如此炙热，不容半刻心理准备，直抵内心最暗淡的那个角落，全部温暖着，阳光灿烂的旅途。

特卡波湖位于南阿尔卑斯山脉东麓，群山环抱，景色秀美。开车上山顶更是可以一览无余美丽的湖景，那深蓝色的湖水仿佛来自于天上，比天空还蓝，眺望远山，白雪皑皑，正是我们今天要前往的库克山。无需慌忙，面对如此美景，待静静地享受一杯咖啡，美好一旦错过也许会成为一辈子的遗憾，就让我把特卡波湖的美多观望几眼，深深地印刻在心里吧。

地图上显示从特卡波湖到库克山路途并不远，但是出发时才知道需要沿着湖开，绕山路，也近两个小时的路程。经过第一天的自驾婧婧老公对于车况已经相当熟悉，尽管如此和婧婧还是一路不停地提醒他慢开！慢开！旅行在外开心固然重要，但是时时刻刻安全第一，这也是有了孩子以后的旅行考虑最多的，如果给现在的旅行加一个定义，所谓成功的旅行，那就是小小兽健健康康的不生病，平平安安回家！

一路上沿着湖泊，路过草地，向着远山，还经过了闻名遐迩的牛奶湖——著名的普卡基湖，牛奶湖的蓝和特卡波湖

的蓝完全不同，像是在蓝色的湖水里倒入了香滑浓郁的牛奶，在阳光的照耀下更是散发着奶蓝色的光芒。如此看似祥和安静的牛奶湖走近却是另一番景象，湖面上的风吹得很大，湖岸上的礁石被激起的浪花肆意拍打，小小兽怕得直找妈妈，强烈的阳光照得更是睁不开眼睛，我想我还是更爱特卡波湖安安静静的美。

路上的车很少，很久对面才经过一辆，碧草蓝天，旷野千里，放眼望去仿佛整个世界都被我们征服了，风很大，尤其越到山脚下越大，在大路上奔跑、跳跃、呐喊，有种“海阔凭鱼跃，天高任鸟飞”的情怀和感慨。

到达库克山脚下已经近傍晚，天空飘起了零星小雨，好吧，这一晚留给我们库克山的安排就是做顿大餐，好好犒劳一下旅途奔波劳累的我们。听着窗外淅沥的雨声，和婧婧还互相打趣说仿佛我们这一程就是专门不远万里驱车到这里吃晚餐的，黑胡椒小羊排、番茄蔬菜意面、三文鱼料理，小朋友也喝着蔬菜粥，吃上了老妈亲自烙的羊肉馅饼，物尽其美，我说的是食物，这也是我之所以爱上旅行的一个重要原因。

思念蔓延
2014 年 2 月 25 日

我是无论如何也不会想到库克山的行程会成为我整个旅程的转折点，或者说库克山的旅行点燃了我思念的导火索，渐渐蔓延开来，一发不可收拾。

才清晨时分，阳光已倾洒进整个山谷，一缕淡淡的薄云飘摇在半山间，似仙境一般。咖啡和泡面唤醒新的一天，为小朋友煮了一碗蔬菜鸡蛋面，陆续各个国家的游客都开始在公共厨房做早餐，各种各式早餐料理，各种各样异国风情，却唯有一种如此统一，微笑的问候，或一句简单的“morning”，或是对面时相互点头致意，温存又美好。

这次在库克山的酒店订得很紧张，二三月是新西兰旅行旺季，在我预订的时候只剩最后一间，入住时候发现只有两张上下铺，再询问已经没有多余房间，随遇而安吧，也很有乐趣，像是大学时候的宿舍，只是把我们的大箱子摊开已无落脚的地方。还好酒店有公共的大厨房和大餐厅，超级舒适，除去睡觉洗漱以外的时间大家都在这里休憩，小小兽更是超级喜欢这儿，昨天晚餐后就一直没离开过，四处溜达，邻桌说笑的时候他也跟着大笑，无论英语还是日语，都毫无障碍，直到夜里快十点才被我拖回房间睡觉。

库克山海拔3755米，是大洋洲最高的山峰，天高云淡。库克山以巨大冰川著名，更是徒步圣地，和婧婧夫妇都没有徒步的计划，只是随便闲散地转转，不明前方路况如何，居然还把推车带出来，才行进不久就意识到这是一个超级错误的决定！毅然决然弃车继续前行，推车就放在山间的小路旁，抱着小小兽徒步行走，蜿蜒的山路，步行都困难。烈日正当头，库克山根本没有我想象中的寒凉，俨然盛夏，才走不远已是汗水涟涟，看来徒步确实不适合我们这一队人马，体验一二足已，准备返程前往下一站。

回到酒店发现行李都已经被服务员放在楼道，十点退房，一分一秒都不给通融。我们在大客厅收拾行李，小小兽自己在二层的平台玩耍，平台是那种细小的石子铺成的，谁想到小小兽一个不留神跪在地上，把腿硌破了。其实就是特别特别微小的伤口，放在平常的孩子也根本不算什么，但是，这小伤口正好在小小兽右腿的血管瘤上，这是小小兽出生后一直令我担忧的问题，每次出行我都备着纱布、医用消毒巾、创可贴，以防万一，但是这次真的发生在旅行途中还是让我慌乱和担心起来，清洁、消毒、止血，心早已不在旅行中。

我们就这样慌忙地从库克山出发了，下一站是瓦纳卡，至少是个繁华的小镇，至少应该有不错的医疗中心。一路风景再无暇顾及，趁小小兽睡着打了无数电话给国内的医生，新西兰时间中午十二点，国内刚刚早上七点，婧婧也一直帮我在网络上咨询做医生的朋友。库克山前往瓦纳卡途中几乎一多半时间我们都在深山里，入秋的新西兰绿意渐渐退去，

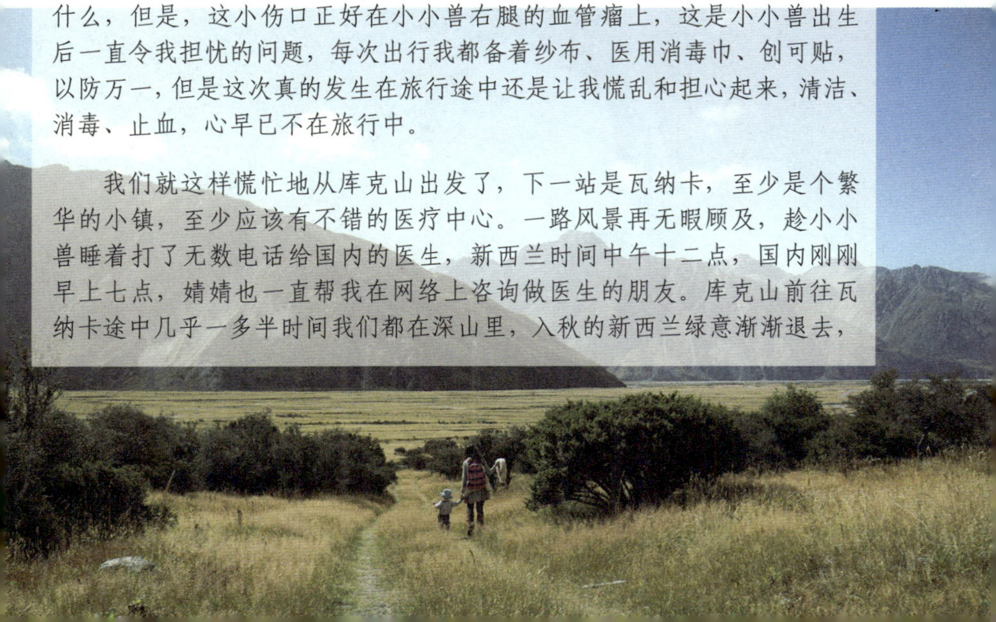

泛黄的山脉，阻挡了一切信号，不过还好，收到的一多半信息都是没有大碍，但是心还是踏实不下来，也不敢给国内的老公打电话，怕他担心，等去医院看看再说吧。

下午近四点我们才到达瓦纳卡，入住酒店放下行李，婧婧夫妇直接开车先送我们去医院，也幸亏有婧婧夫妇，前前后后陪我忙乎着。瓦纳卡的医疗中心设计用色很大胆，和国内的医院大大不同，亲切，让人放松，小小兽跑进玩具区不亦乐乎地玩起来。待医生揭去早上我贴的创可贴察看了伤口，血早已止住，医生安慰我不用担心，用碘伏再次消毒，重新贴个创可贴，让我明天揭开就没问题了，我这一颗心啊，才敢落地，才敢给老公打电话跟他叙述今天发生的事情，才有心情看一眼瓦纳卡的美景，而我的小小兽呢？就在刚受伤我给贴创可贴的时候吭吭了两声表示害怕，其他时候一直不耽误吃喝睡和玩，刚刚医生还给了他一颗棒棒糖，现在正吃着棒棒糖抱着新买的玩具开心地玩耍着。孩子的世界真是简单，令人羡慕，我真希望他能永远如此，保持一颗童心，乐观，开朗，快乐一生。

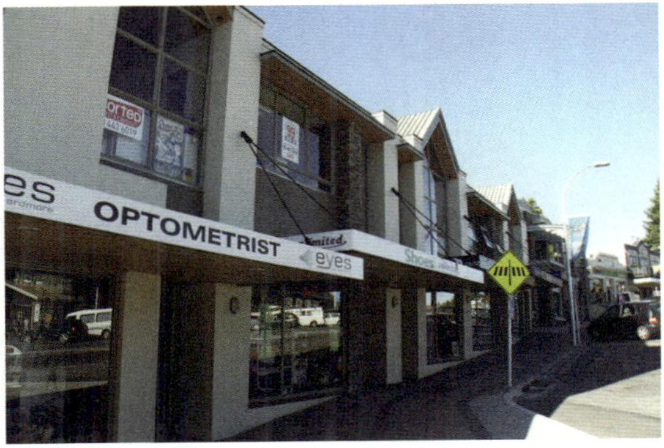

瓦纳卡是个湖畔小镇，我们的酒店就临着湖边，站在平台上就望到瓦纳卡湖，真的好美啊。小镇并不大，却给人一种很舒适的感觉，近黄昏时分，阳光把整个小镇映成金色。街边的咖啡馆和餐厅外坐满了人，却不显得烦乱，大家喝着咖啡、啤酒，享受着美味的食物，慵懒的大狗也趴在脚下，经过身边只是抬眼看了看我们，继续享受自己的世界。一边喧嚣着，另一边的湖面却显得静谧，更为闲适，连海鸥和鸭子都放慢了脚步，懒懒地在湖边闲步。喜欢瓦纳卡，遗憾着不能多停留几天，一是因为酒店满了，二也因为婧婧夫妇时间有限，又只能是给下一次旅行留些念想了。

小小兽在房间已经睡了，我在收拾行李，这是我每天的必经程序，到酒店第一时间把箱子里的物品全部倒出来，然后再一件件收拾回去，矫情无处不在。婧婧夫妇小有情趣地在院子里喝红酒，邀我一起，不想扰了她们小两口甜蜜的浪漫，其实这也是婧婧夫妇的蜜月旅行，祝福这对儿善良的小两口甜甜蜜蜜一生，未来的每天都像这次蜜月旅行一样浪漫、温存、温暖、幸福。

日光倾城
2014年2月26日

这些天的新西兰之行，早上叫醒我们的必是耀眼的日光。懒洋洋地伸个懒腰，赖一会儿床，新的一天全力美好开启！

瓦纳卡的酒店感觉超棒，有三个卧室的套房，敞开式的大厨房、大餐厅、卫生间、洗衣间一应俱全。我们的房间在一层，宽敞的平台，下几步台阶就是酒店的院落、泳池、按摩池，最完美的就是阳光，日光倾城，每一个角落都倾洒着阳光。

早餐我们吃炒饭，当然是自己做的。其实在新西兰做饭也是一种享受，酒店的厨具餐具不仅齐全，而且很精致，我们的食物也越来越丰富。唯一的不足就是酒店都要十点退房，争取很久才允许我们十一点再离开，至少早餐不至于吃得如此匆忙。也还好我们有车，退了房间把行李都拿到车上，在瓦纳卡我们还有足够的时间游荡。婧婧夫妇出去溜达，湖边有个公共的儿童游乐场，我和小小兽打算就在这儿停留，先陪老妈去买杯咖啡，没有咖啡何谈旅行！

瓦纳卡湖被高高的山脉包围，湖水纯净透明。白天的湖与晚上的湖又完全不同，太阳升得越高，湖水越蓝，宛若一颗蓝宝石在眼前熠熠发光。在湖边玩耍、晒太阳、喂海鸥，和小朋友一起的时光简单却不无聊，不知不觉已是中午时分，和婧婧夫妇决定出发皇后镇，我们自驾旅程的最后一站！

婧婧老公在这几天的驾驶中技术已经相当娴熟。瓦纳卡到皇后镇大概有一个小时车程，但是难度系数相当高，全是盘山路，尤其是下山时，几乎都是一百八十度的大转弯，男人爱车，更体现在驾驶乐趣上，如此的挑战对于他们是一种刺激，但是对于坐车的我们绝对是一种心理挑战。几乎这一路婧婧和我都没有停止地提醒“慢行！”“慢开！”“减速！”终于在一系列心惊胆战的刺激后我们到达山脚下，路牌指示前方不远处就是皇后镇。好像是一转眼间的事情，从基督城出发的场景还依然在眼前，这一晃我们的自驾行程已经接近尾声。婧婧夫妇先把我和小小兽送到酒

店，在皇后镇我和小小兽还要停留三天，但是婧婧夫妇明天就要离开了。

新西兰的太阳下山很晚，这样白天我们有更多的时间享受生活，享受日光，也享受和朋友在一起的美好时光。在莫尔大道闲逛了一会儿，买了皇后镇著名的大汉堡，就在瓦卡蒂普湖边聊天闲坐，皇后镇是继奥克兰之后我见到的人最多的地方，海鸥和鸭子也最多。这里的鸭子着实厉害，只要看到有人吃东西，甚至会冲上来抢食物，丝毫不客气，一场关于食物的捍卫战争。

傍晚坐缆车去皇后镇的山顶看夜景。在新西兰等待日落是一件需要耐心的事情，晚上八点天还大亮着，丝毫看不到太阳要退去的意思，她比我们还不舍这美好的时光。南阿尔卑斯山被阳光映成金色，天空依旧湛蓝，湖水越发深邃迷人，俨然是一幅秀美的画卷，定格在眼前，也成为我们心里一幅画面，写满美好。

开满鲜花的农场
2014 年 2 月 27 日

昨日刚到达皇后镇酒店的时候，给小小兽换创可贴，这么热的天气如果一直捂着伤口也不好，谁想到我刚要取下创可贴就被小小兽自己碰到，本已经结痂的伤口顿时出血！我的眼泪险些决堤，但是作为妈妈我必须冷静地面对和处理这突如其来的事件，小心地换上新的创可贴，立刻带小小兽去医院！心情的焦急和内心的焦虑可想而知，此时我是多么希望老公能在我们身边，可是我不能在小小兽面前显露出任何紧张和不安，虽然他还是个婴儿，但他可以感受到我情绪的变化，我要淡定，要装作若无其事地告诉他没什么大不了，有妈妈在呢！

皇后镇的医院比瓦纳卡的医院更综合，而且医生对于血管瘤的了解也更全面。当医生揭下创可贴仔细观察了伤口后很轻松地告诉我，一切都好，一点也不需要担心，我的眼眶瞬间湿润。我真的觉得自己挺强大的，一直以来都这样觉得，尤其是有了小小兽以后我努力变得更强大，我想做个合格的好妈妈，但是我真的不知道自己竟然还是如此脆弱。当妈的心情，宁肯这一切都发生在自己身上也绝不希望孩子受半点罪……新西兰好远啊，新西兰离家真的好远啊！

从山顶回到酒店，电话打到深夜两点，改签机票，改行程，原本计划在皇后镇停留三日还要再去奥克兰，但是现在我只想往家的方向飞。先回到香港，至少那里离家很近，随时可以回北京；至少那里的人们讲中文，如果再有任何情况我能很清晰地描述而不是用我拗口的英文，至少那里和我的城市没有时差……给老公打电话，我哭了，我说我想家了……老公说回来吧，我也想你们了……

宛如仙境的皇后镇今天特别美，有些风，却把天吹得更加晴朗，预约了今天上午的老式蒸汽船游览瓦卡蒂普湖，去对岸开满鲜花的农场享受烤肉午餐。蓝天艳阳，美好将浓浓的想念轻轻吹散，小小兽更是欢乐不已，好奇着古老蒸汽船上的种种，拉着我在船上走来走去，尤其喜欢农场里的剪羊毛表演，会伸着小手指给我看那是“咩”，在美丽的花园里奔跑，在平坦的大草坪上嬉戏，面对大海享受美食美景，经过几天的接触也不再特别害怕突然飞到身边的海鸥，还和一起坐船来农场的小朋友玩得不亦乐乎，欢乐让思念渐渐变淡。

带着小小兽去旅行，我从未想过要让他记住什么，学会什么，作为父母我们只想给孩子一个展现广阔视野的机会，孩子比你想象得强大，无论是适应能力，还是发现的能力。他们喜欢新奇，旅行对于他们来说，享受当时那个快乐的时刻就足够了，而在旅途中我反而从小小兽身上学到很多，这更是一个让我自身变强大的过程，小小兽更是我的良师益友。

海鸥飞处
2014年2月28日

从昨天傍晚皇后镇就一直在下雨，农场归来我们没有再出去。酒店的阳台能一眼望到瓦卡蒂普湖，湖边几乎没有人，风很大。早上起床的时候雨还没有停，我们在酒店的大堂吧喝咖啡，等着晴天。

明天的机票改签到今天傍晚，提前一天回到奥克兰，明日一早从奥克兰飞香港，南半球的孤单，让我体验到久违的思念。

雨过之后的皇后镇风很大，在海边走走都很吃力，但是天气变化很快，才一转眼工夫，蓝天已经穿透乌云，给皇后镇一个大大的晴朗。游船，码头，还湿漉漉着的甲板，海鸥和鸭子又齐聚在湖边等待人们手中的食物。远处的山川格外清晰，山顶上的云依旧厚厚地堆积着，就仿佛压在山顶上一般，天和山连接在一起，分不清楚，镇上的人也陆陆续续多起来。和小小兽在湖边喂海鸥，他依旧是又怕又喜欢，但终究是比第一次见到时

候平静许多，也许海鸥对于小小兽才是这次旅行中印象最深的记忆吧，亦或是噩梦？亦或是美好。

就要说再见了，皇后镇，也要说再见了，新西兰，旅行时很怕告别。婧婧夫妇此时也已经到达奥克兰，有些遇见是缘分，而很多告别有可能就是一辈子，就像生活中的我们一路遇见，又一路失散，彼此的擦身就像一束火花，短暂却绚烂，只希望留存在彼此记忆中的画面在未来回忆的时候仍能温暖内心，依然会觉得这是一份不可磨灭的美好。一并南半球的孤单，一并那一份隔着时空的想念，家，我们回来了。

兽妈说

翅膀是逐渐丰满的，信心也是一步步增加的，胆子也就越来越大。但最初决定独自带着小小兽去新西兰也是因为想着新西兰有朋友接应，谁知阴差阳错地计划全改变了，出发前两天才得知朋友不能接机，而且朋友家的孩子病了，轮状病毒，当妈妈的应该都知道这种病毒很严重，我怕传染给小小兽。本来新西兰之行前两天朋友邀请去家里住的，体验一下奥克兰真实的生活状态，我临时改订了奥克兰市区的酒店，也没敢跟老刘说没人接机，怕他担心，因为我自己英语很差，预订奥克兰接机已经来不及，一是时间太早，二也是因为接机公司因为来不及预订婴儿座椅不接。在网上看到新西兰机场有一种小巴士 super shuttle，可以直接送客人到酒店，到达后在机场大厅服务台询问下就很方便找到，每次带着小小兽旅行都很幸运，这一大早居然有空房，顺利入住，此时，我们才敢给爸爸打电话，报平安。

有些事情做起来其实没有想象中那么难，比如一个人带孩子去旅行，去到异国他乡，不过前提是要有丰富的旅行经验，具备一个人照顾好孩子和自己的能力，还要有足够的安全意识。但是尽管如此，如果你没有如我一样疯狂执着得特别爱旅行，老公又有足够的时间陪伴，还是全家一起出行从安全角度考虑比较稳妥。旅行对于每个人在生活中所占的比重不同，带孩子旅行绝对不提倡冒险，有丝毫安全隐患的事情都不要去尝试，量力而行不是一个妥协的词汇，对孩子负责，对自己负责。虽然在国外旅行的时候遇见过很多国外的爸爸妈妈带着孩子各种探险，比如在库克山的冰川徒步，孩子还没有小小兽大，就坐在爸爸的专业背包上，但我想这爸爸一定是具有足够的徒步经验才会带孩子从事如此的运动，我自己不具备如此的经验和能力，肯定不会带着小小兽去尝试。在新西兰皇后镇的跳伞和热气球，也有前面提到的在库克山的冰川徒步，我都选择放弃，我并没有觉得是一种遗憾，作为一个妈妈，我首先要做到的是对我孩子的安全负责，任何时候，任何情况，安全第一，这是带着孩子去旅行的最重要的一点！

再次老生常谈，再次重申，带孩子旅行，安全第一，自己没有把握的事情切记不要心存侥幸心理去尝试，一定要有足够的把握才可以出发，带孩子的旅行不是一时的疯狂，更谈不上说走就走，各方面都要准备充分，有备无患，我们才能有安全的、快乐的旅行！

这次旅行是我第一次带小小兽自驾，也是我第一次自驾旅行。陌生的路况环境，驾驶位又在右侧，丝毫没有经验，而且一边开车还要一边安抚小小兽，我实在没有那么强大，幸亏结识了婧婧夫妇，热情、热心又随和的小夫妻，让我们这一段旅行快乐且圆满。新西兰这样的国家很适合自驾，尤其是新西兰南岛，沿途的风光特别美，特别适合全家一起的旅行。带着宝宝自驾，尤其是第一次带着宝宝自驾，每天的行程不要太长，从基督城到皇后镇我们平均每天 2 ～ 3 小时车程，途中给宝宝带些能吸引他的玩具，我买了很多气球，一路上都在吹气球。对于一岁多的宝宝来说，坐车毕竟是一件很枯燥的事情，他还不懂得欣赏沿途的风光，那就找些可以让他开心的事情，五颜六色的气球让宝宝的心情也跟着绚丽起来，大部分时间都老老实实乖乖地坐在安全座椅上，还没等到他无聊和不耐烦，我们已经到达目的地。

新西兰被称为大洋洲最美的国家，自然风光无限，自驾途中经过的每一个小镇都各具特色，很适合居住，特别适合小朋友，气候宜人，又有湖泊，又有草地，无论对于小朋友还是我们都是最完美最自然的乐园。

另外关于自驾旅行，重中之重就是一定要安装汽车安全座椅！这是带宝宝自驾旅行必需的，没有任何侥幸的理由和借口！而且比较推荐购买全险！

一路自驾我们选择的酒店都是公寓式的，有厨房，也让我第一次体验到“旅居”的真正乐趣。首先对于带孩子去旅行特别方便，新西兰这样的国家宝宝的食物很随意，几乎离不了炸鱼薯条，吃一顿两顿还可以，这次我们要在新西兰停留半个多月，所以大部分时间都是我亲自给小小兽做饭。小小兽大概从一岁一个月的时候就可以自己独立吃饭，我更省了不少力气，我做好饭以后他就拿着个小勺子小碗自己吃，我吃我的，他吃他的，他更喜欢吃我碗里的，都吃完以后我再收拾。而且旅途中是个培养宝宝自己吃饭的好时机，宝宝也喜欢新鲜感，喜欢自己尝试，其实真没有想象中的那么麻烦，新西兰超市里的食品很丰盛，成品、半成品，还有新鲜的水果和蔬菜。我自己随身携带一个小煮锅，很小的那种，但是足以煮粥、煮面、煮饺子、煮玉米，还能做疙瘩汤，更可以蒸鸡蛋羹，甚至蒸包子，新西兰的旅途中我几乎已经把小煮锅用到极致。而且公寓里的厨房用品也几乎是全部备有的，尤其是自驾这一路，每天意面、牛排、红酒、沙拉，早餐还吃了疙瘩汤和糊塌子，住在库克山时我还给小朋友烙了羊肉馅饼，这也成为了我们旅行的一部分。乐在其中是一种心态，你不觉得麻烦就不会麻烦，我体验到更多的快乐，而这快乐全因带着小小兽旅行才发现的，是他给予我一种全新的旅行方式，深入和体味更深。

这个时期的小小兽还算比较温顺，虽然调皮，但是很听妈妈话，不过胆子有些小。我不太提倡那种强硬的教育方式，孩子越害怕什么就越让他去接触和尝试，可以鼓励，但是不要让他产生畏惧心理。对于成人来说凡事都有个接受的过程，小小兽也是，保护他的好奇心，更多地给予鼓励。小小兽是那种出奇的调皮捣蛋的孩子，男孩子嘛，闲不下来，爱冒险，喜欢登高爬上，蹦蹦跳跳。但是，他怕海鸥之类的小动物，尤其是在基督城的动物园，四处游走的鸭子害怕，高大的马匹害怕，儿童农场里的小羊也怕怕，唯一不怕的是兔子。不强迫他非要去接触，只是耐心地告诉他这是什么，那是什么，等我们一路到达皇后镇时小小兽几乎已经可以主动地喂海鸥和鸭子了。

旅行是一个让孩子全身心投入的自然的过程，不需要他记住什么，更不需要他刻意学会什么，他只要享受当下的快乐就足够，还有，小小兽就是在新西兰的旅行中学会帮我拍照片的，旅行无论对于我们还是对于孩子都是个新奇的体验，不在路上真的无法感受到那份快乐，即使是疲累也会是乐此不疲的快乐！

又像从前一样了，心越走越野，脚步一旦迈开就再也停不下来，想看遍世间的广阔，如今更想带着我的小小兽一起去感受这些未知的美好，哪怕这座城市我曾经到达过不止一次，但是我更期待与你一起经历的每一个第一次。

Part 6

/ 只为一杯沧海 /

熟悉的陌生
2014年6月3日

为我现在的旅行，带着娃娃的旅行找到一个新名词，或者说形容词更为合适——“旅居”，旅行越来越像生活，生活也越来越融入旅行，但是生活中不能没有旅行。

带着娃娃去旅行，从曾经的随意变得规律，一日三餐，更重要的是孩子要午睡，少去疯狂与冲动，多了体味和融入。自己带孩子旅行，不能再有皇后镇刺激的热气球和高空跳伞，像鸟儿一样翱翔云端；也没有了武汉喧嚣的夜生活，麻辣龙虾仔和喷香的热干面；韩国东大门的彻夜游逛也再与我无关。

年初的新西兰和香港地区之行结束后一直忙于考试复习，这一场旅行蓄谋已久，却到即将出发时望而却步。小小兽即将进入到第二个敏感叛逆期，越来越有自己的想法，叛逆、淘气，孩子越大带出来越难。尽管如此，我也说过，生活中不能没有旅行，就如水面怎能不泛起涟漪？溪流的美丽就在于流动时与河石碰撞荡起的波纹，生活亦需要变换，走出去，走回来，让心灵呼吸更多的新鲜和美好。

青岛，第三次到达，脑海中依存着青岛的印记。于青岛的记忆近十年，那年我大五，毕业设计的建筑项目在烟台，私作主张带领着一组的同学跑到青岛游玩。那时候我们都没什么钱，也颇因热爱青岛的建筑，一路悠悠荡荡走遍了青岛的大街小巷。回忆陈年往事历历在目，仿佛昨日一般，同学少年的一颦一笑都隐隐于脑海。青岛是我热爱的一座城市，因为建筑，因为历史，小小兽也一定会喜欢这座城市，因为有海，因为有他最爱的沙滩。不过这次旅行计划只有老城的游走，对于老城的情有独钟也是我再来青岛最充分的理由。

中午从北京出发，四小时四十分钟的动车，傍晚到达青岛。其实在青岛有亲戚，更有朋友，但是关于旅行我最忌讳的就是被招待。虽然只需一个电话，车接车送，但我连说都没说，宁可一个人背着几十斤的行李推着孩子还挂着一只扒鸡，狼狈地从火车站走到酒店，因为我打不到出租车，我不想把宝贵的旅行时间浪费在被招待被应酬上面，这些年越走越独，越来越矫情，原谅我的直白，但这的确是内心表达。

海洋深处
2014 年 6 月 4 日

旅行是彼此互相的陪伴，曾经我自己的旅行很固执，自持己见，无论和闺密出行，还是和老公一起旅行，没有人可以左右我的想法。旅行对我来说是一件很自私的事情，我喜欢一个人在路上，如今却爱上了和小小兽一起旅行，彼此陪伴，却又不相互打扰，我有我的世界，他有他的童话，很有意思。

清晨的阳光透过阁楼的落地斜窗洒在踩上去咯吱作响的木质地板上，古老的建筑已有一百年历史，并且保持着当年的设计风格。这是一幢德式建筑，木檩架暴露在房间的屋顶和墙壁上，没有刻意隐藏它的沧桑，看上去的确有些年头。卫生间是完全透明的，从整体上不破坏房间的完整性，虚实结合的设计更让建筑内部富于韵味，如果它还能在清洁方面做得彻底的话，足以完美，现实却不然。

和小小兽出发时已经上午十点，步行前往基督教堂。基督教堂是青岛我最爱的一座建筑，由钟楼和礼堂两部分组成，典型的德国古堡式建筑，最爱，没有之一。许是它的外形轮廓，并不是规整的图形，厚重坚固的花岗岩墙壁没有让教堂显得笨重，半圆拱、尖塔、圆窗、条窗，完美地统一在整座建筑中；许因它的颜色，柔和的奶油黄色墙壁，配上红色的斜砖屋顶，蓝绿色的钟楼塔顶也不觉突兀，基督教堂虽是一座宗教建筑，在神秘和庄重的同时又不失典雅与情趣。

基督教堂坐落在一座小山上，几十步台阶其实不算什么，但外加上一部推车和一个二十几斤重的孩子，想象一下，旅行的过程是美的，尤其是照片呈现得美好无限，而图片后面的故事则是强悍的老妈挽起拖地长裙，连人带车一起扛上山。也许再过几年带着娃娃的旅行会稍微轻松，我很期待着小小兽能独自拉着行李箱和我一起出行的画面，遐想时刻小朋友又兴奋得即将跑出我的视线之外，立刻狮吼回来！

不是周末，街上的人不多，刚刚到过的基督教堂人也不多，把小朋友放下来自己跑跑跳跳。他的确还小，对于青岛我喜欢的是建筑，是文化，是那一份无可取代的韵味；对于小小兽，他雀跃的是不受束缚，兴奋于偶尔经过的大汽车、小汽车，天空飞过的小鸟。但是我们可以互相陪伴着，在大街小巷里玩耍奔跑，拍拍照片，他们总是觉得我曾经一个人的旅行很孤单，现在好了，多了个小尾巴、小麻烦，更多了一份新的乐趣。

上午陪老妈串街走巷，那么下午就陪我的小小兽去看他最爱的鱼。极地海洋馆2008年和老公也曾来过，如今再来感觉完全不同，我已然从一个被呵护的孩子成为了一个去呵护我自己孩子的妈妈。把视角调整到小小兽的频道，奢侈地将自己置身于一个神秘的海洋世界，这里有千奇百怪的大鱼，有憨态可掬的海豹，有我童年没有经历过的神奇，这是小小兽带给我的世界，更是小小兽分享给我的不一样的快乐。

孩子的旅行
2014 年 6 月 5 日

很多妈妈怕带孩子去旅行，怕麻烦，更怕孩子不适应和生病，小小兽还算是个让人省心的宝宝。经过这么多次旅行，小小兽的适应能力尤其让我折服，吃饱睡好不娇气，男孩子也该如此。虽说现在奉行快乐教育，但是每个妈妈对于自己的宝宝还是有所期望的，而我所期望的小小兽未来会是一个阳光健康的大男孩，开朗大方，坚强独立，心胸宽广，眼界更宽阔。如果旅行同样能带给他快乐，拓展他的视野，更激发他对于生活的热爱，那我心甘情愿，乐此不疲。妈妈虽不是巨人，但是我希望自己可以是小小兽的肩膀，给他广阔的天空，任他翱翔。

今天宝宝继续陪妈妈走一段曾经熟悉的路，从栈桥酒店出发一路向北，路过老舍公园，去天主教堂，走中山路，到劈柴院。其实也没有完全限定我们的路线，只是有个大致方向，随意游走。

青岛的天气相当舒服，凉爽且空气清新，大海的味道让呼吸都变得愉悦。我喜欢有海的城市，小小兽更喜欢。在旅行中我们关注的东西很多，有些甚至是生活中我们所忽略的，平日的生活忙碌，静不下来，更停不下来，有太多美好被错过，被忽略，然而孩子却始终是专一的，他们爱上一件事物便愈发不止，专注，执著，在点滴的事物中尽享快乐，这也是我们和孩子之间永远无法逾越的障碍。

我们总是给自己限定时间，现在要做什么，下一秒又该怎样，我们总是抱怨生活中有太多条条框框，但是细想回来，这些禁锢往往是自己给自己的。生活中已经有太多迫不得已的限制，习惯性生活给每个人上足发条，循规蹈矩地重复一种固定模式，但是孩子却是这个世界的异物，好奇，探索，专注，永远有一颗向往的心。在生活中，在旅行中，在任何时候，路过老舍公园的跌水，小朋友兴致勃勃地玩耍着，旁边的老妈却时不常看看时间，宝贝，我们该走啦，宝贝，我们该去看教堂啦，宝贝，你饿不饿？我们该去劈柴院吃好吃的啦！宝贝，我们该……妈妈，放轻松，我们是在旅行呢，享受当下的快乐才是正事，才是美好。看，连我自己的内心都在与我的行动背道而驰，但是最终小小兽还是被老妈拖走了，该去天主教堂了。

天主教堂采用文艺复兴时期的建筑形式，哥特式建筑风格，横向三段设计和玫瑰花窗是教堂最为主要的建筑特点，又是令我头痛的建筑史，欲罢不能的热爱，却每逢每年五月的建筑师考试又最令人头大。其实我对于旅行的野心不大，就希望能在有生之年把我所知道的伟大的建筑都看遍，沿着历史纹脉的发展，亲临曾经每一处文明。

天主教堂前没有过多的停留，如今这里俨然已成为著名的婚纱摄影基地，教堂与白纱是每个女人的梦想，在旅行中我已经依次实现，经历幸福。经过幸福，体味我现在的幸福，越来越懂得知足的含义。眼前这顽皮的小男孩已然成为满满占据我内心的全部幸福，尽管他不固定时间，间歇性地折磨我一番，每天打扮美美的出门，最终落魄而归，今天亦是如此。待我们从天主教堂去往劈柴院再返回酒店的途中，小小兽开始狂躁，饿

了，困了，累了，硬让我抱着走，青岛的坡路很多，也很陡，一手推车，一手抱着孩子，孩子还在翻来覆去地扭动，无时无刻不在挑战老妈的体力和耐性。带着娃娃去旅行，是一个让自己更强大的过程，被迫强大，无上限强壮。

下午本想带着小小兽去小青岛，据说那里有个很不错的咖啡馆，但是被告知在去年就已经拆除，那好吧，今天剩下的时间我们就在海边度过，陪我的小小兽挖沙子，捡小螃蟹。真真正正属于小小兽的旅行，只有大海，只有沙滩，只有美丽的肥皂泡，只有简简单单的美好和干净清澈的快乐。

一杯沧海
2014 年 6 月 6 日

何为奢侈？奢侈就是时间、空间和安宁。今天打算就在八大关窝上一整天，只为，一杯沧海。

清晨出门特意没有带推车，因为极有可能带着推车根本拦不到出租车，也还好八大关距离栈桥不近也不算远，沿着海滨公路很方便到达。

八大关的“八”只是个泛指，这里除去以中国著名的十大关隘命名的

十条道路以外还包括其他多条道路，不过据说青岛人以“八”为吉利数字。七十多公顷的占地，道路纵横交错，绿树成荫，一年四季开不同的花，这才是真正意义上“面朝大海，春暖花开”的地方，我想下一次再到青岛，八大关将是住宿不二的选择地。但这些还并不是八大关最为吸引我的地方，汇聚众多国家的建筑风格，独特的建筑造型，才是我这个曾经的建筑师认为八大关最具魅力、最让人着魔的地方。无论是古希腊式、古罗马式、拜占庭式、文艺复兴式、哥特式，还是新艺术风格式、巴洛克式、洛可可式、折衷主义式等建筑风格在八大关的建筑中皆能找寻到影踪，绝对是一场视觉上的饕餮盛宴。然而也有遗憾，并有所希冀，关于八大关的开发和保护，只是那些古旧的建筑，就如花石楼，让我们这些凡夫俗子远观就好，无需“亵玩”焉，那也许是对于历史最好的保护和尊重吧。

从花石楼的庭院走出，下到海边，沿着木栈道径直走，海边尽是拍婚纱照的情侣，青岛的确是一座幸福指数颇高的城市，无处不充溢着幸福。

和小小兽在找寻一处咖啡馆——“一杯沧海”，一直以为是在木栈道的尽头，谁想到无意间一回身，小小的咖啡馆已然在身后。和想象中不同，朴素的木质建筑，房前撑起几把白伞，柔软的沙发，一眼望到大海的平台。推开木门，房间的落座不多，或是沙发，或是藤木桌椅，有序却也无秩地排列；透明的容器，随意地插上一些兰花，雅气，脱俗，那些陈列的小玩意儿更是深深吸引着小小兽。宝贝越来越随遇而安，躺在沙发上睡个午觉，醒来和老妈一起饮下午茶，我的咖啡，他的蓝莓汁，娴熟地将蛋糕分成小块小心翼翼地吃着，真是奢侈的一天，时间、空间和安宁，停驻，拥有。

雨中的告别
2014 年 6 月 7 日

一早将我们的大件行李快递回家，不想再有来时的狼狈，轻松上阵，我的决定是有多英明！才出酒店，下雨了，虽只是蒙蒙细雨，足以打湿衣衫，今天还有一上午的路要走，雨中的青岛，别有一番味道。

记不清是自己曾经哪一年的旅行，一整年，去到每一个地方都在下雨。喜欢雨水淋漓的城市，撑起一把伞，静静感受这座城市多样的美丽，才发现带着小小兽的每一次旅行也都赶上雨水，从武汉下到首尔，从马尔代夫下到上海，乌镇下雨了吗？我记不得，只记得从新西兰又下到香港，这一次是青岛。

即便是最后一日的旅行也不想安排得匆忙，依旧还是在老城游逛，雨很快就停了，我们在天主教堂前驻足了很久，陪小小兽玩耍，那小小的身躯在我的视线内停停跑跑，总是想逃离到我的视线之外。那一颗似小马奔腾的心不知在未来的某一天就将驰骋出我所能关爱到的范围，他将有他自己的生活、自己的世界，更会有他想要带着一起去旅行的女孩。现在想想，其实带着孩子去旅行只有那么短短的几年时间，从不想被别人掌控自己的生活，换位思考到孩子，他一定也不想身边一直有个唠唠叨叨的老妈，也许未来的旅行我还会变成自己一个人，呵呵，有些杞人忧天。

旅行已然成为生活的一部分，像是人生短短的缩影，对于我来说，旅行从不是一种逃避，生活很现实，怎样也逃不出去，唯一让自己幸福和快乐的方法就是积极面对。你对生活微笑了，生活才会对你微笑。青岛我们应该还会再次前往，只为红瓦绿树，只为沙滩大海，只为，一杯沧海。

兽妈说

其实这次去青岛我犹豫再三，忙了两个多月的复习考试着实憋得难忍，距离上一次新西兰之行也已经过去三个多月，很想带着小小兽出去走走，而且这两个多月忙考试复习，感觉宝宝都要和我生疏了，在一起陪伴他的时间太少。独自带着宝宝去旅行从某些方面讲的确有些自私，但我们确实需要一场旅行，让我们朝夕相伴，享受一下亲密的母子时光。

之所以犹豫我们要不要去旅行，是因为现阶段的小小兽脾气秉性方面有了新的变化。一岁半到一岁九个月是个特殊的敏感期，小朋友特别脆弱，需要更多呵护，呵护那敏感的小情绪，也许只是爸爸妈妈一个无意的小举动，小朋友已经低声啜泣起来，委屈之极。不过这个时期很短暂，现在的小小兽一岁十一个月，进入新的成长阶段，脆弱不再，反抗更多，喜欢说不，任何事情喜欢和爸爸妈妈对着干，着实令我头痛。比如我带他出去玩，我说我们该回家啦，小朋友不想离开，他会瞬间在周围随便找个陌生人后面躲起来，我想妈妈们听到这个都会觉得很害怕，我几乎是软硬兼施才把小小兽这个可以说是“可怕”的习惯改掉，我们进入一个全新的斗志斗勇的阶段。现在的妈妈们都很注重小朋友心理方面的研究，不再一味地以婆婆妈妈们的经验照搬过来育儿，读的相关方面的书籍多了，发现这些娃娃们的成长过程完全就是拿着一个敏感期又一个敏感期“说事儿”，妈妈们要不断学习、不断强大，方方面面丰满自己，方才能跟上小朋友的每一步成长。

终于我们还是顺利出发了，最开始计划去旅行没有确定目的地，青岛和南京我都很想去，考虑再三觉得南京还不太适合带小小兽前去，也不能说因为迷信，不过不太想带这么小的宝宝去庙啊、陵啊之类，再加上青岛有亲戚在，我真怕我搞不定这个时期的小小兽，万一有特殊情况还能找人照应下。但是我这人又特别矛盾和矫情，又偏偏最厌烦这样的旅行。烈日炎炎，打不到出租车，拖着箱子，推着孩子，背着书包，拎着一只扒鸡，从火车站一直走到栈桥酒店，还好，酒店离火车站不远，走路不到半小时。

说实话，我挺喜欢青岛的，这是第三次来，青岛也很适合带小朋友过来玩，有大海沙滩，又有极地海洋馆、动物园，气候宜人，八大关里散散步都舒服。小朋友吃饭还不发愁，靠海的城市，海鲜丰富，清蒸鱼、

白灼虾、白米饭、炒青菜，营养又丰富，小小兽已经可以完全接受外面的食物，我的小煮锅这次几乎没怎么派上用场，好几顿饭都是在餐厅解决的。不过在青岛带着孩子打车太难了，尤其是推着婴儿车更难拦到出租车，青岛的单行线很多，太近的地方司机不去，这真是让我比较发愁的地方，还好我比较能走，能不打车的地方我们都步行。但是青岛真的很舒服，尤其喜欢老城区，满街梧桐，各式老建筑，走走停停也是一种惬意，很适合亲子旅行，有机会肯定还会带着小小兽再来青岛的。他也很喜欢，最爱的活动就是在大海边拿个小铲子挖沙子，有时候还能捡到小螃蟹，这一切对他来说都是新鲜和奇妙的事物，让小朋友乐此不疲，家长也不会觉得特别疲劳，我指的是身体方面，但这次带小小兽出来明显比之前的旅行累心。

一岁十一个月的小朋友专注和执著更多，我们计划旅行总是试图按照时间安排路线，现在该去哪一站，到时间了又该去哪一站，孩子完全没有时间概念，他们享受的是专注的快乐，吸引他们的事物可能很单一，甚至是很简单，但是沉浸其中不愿自拔，这也是现在旅行中我们遇到的最大的矛盾，ok，遇到问题，解决问题，旅行是个放松的过程，是个让我们更加亲密的过程，享受的是难得的亲子时光，对于非全职妈妈来说更是如此。仔细想想，其实旅行的各种限制只是我们自己强加的，真正享受旅行的是孩子，哪有那么多条条框框。放下自我，跟随孩子的脚步，放慢速度，用孩子的视角重新审视这个世界，你会收获不一样的快乐，当然，某些“必须的”时候还是不能完全妥协的，那就要看妈妈们都能使出怎样的招数让宝贝们服从了。

我和小小兽的旅行开始产生分歧，我的计划会扰乱他的专注，他会特别迷恋于某一件事物不能自拔，比如在极地海洋馆喂鱼，到了海豚表演时间我想带他去看，他固执着不离开，其实我们两个都没有错，我有我的理由，他有他的专注，我们的旅行中更多了智斗。有时候也觉得我们越来越像是朋友在旅行，我想向东，他想往西，我想去那里，他要往这边，旅行已经不是完全由我一个人定夺，小朋友的越多意见慢慢参与其中。很有意思，也有不少小烦恼，却乐在其中，越发欲罢不能地爱上带着孩子去旅行，甚至可以说我的旅行中已经不能没有他，就如同我的生命中再也离不开他一样。

对于一个将旅行与生活并重的人来说，向往行走的心就像是布满内心的干柴，星星之火可以燎原，无法扑灭，更势不可挡，不要给我火焰，哪怕只是微弱光亮的希望，又一次在路上，带着小小兽一起在路上。

Part 7

一半是澳门，一半是路环

再次飞行
2014 年 7 月 28 日

从不用消费水平来定义一场旅行，在我心里，旅行无价，像时间一样珍贵。每个城市和国家的文化底蕴不同，我喜欢融入，在旅行中性格鲜明却并非格格不入，比如走在拉萨的街头一只民族布包足以完美无瑕，不需要钻石，更不需要任何奢侈品，灿烂的笑容就是你最美的装扮。无论是 28 块钱一晚的西藏青年旅社，还是 4 万一晚的澳门奢华酒店，自己能够承受的旅行就是适合自己的，不盲从，更不去羡慕。旅行不是一种炫耀，旅行是生活，这是我从来对于旅行的定义。

之所以这个季节突然想起去澳门，纯属偶然。一直就蓄谋着在小小兽满两岁前再飞行一次，0～2 岁的折扣机票就像商场里的打折返券一样深深地将我的心套牢，不抓紧飞一次觉得特别吃亏。每天都在计划旅行，数着日子计划旅行，那颗蠢蠢欲动的心像被干柴布满，一丝的火苗都将使她熊熊燃烧。巧在这时接到某网站的电话邀请，月底去澳门旅行三天，但最终百般周折没能如愿，可我心里的火焰却再也无法扑灭，一发不可收，甚有燎原之势！这世界上最了解我的莫过于老刘，看出我的小心思和悸动，又一次为我和儿子订好酒店、机票，送我们出发到机场，曾经觉得男人最触动我的就是转身那一刻，纵有万般不舍，都在这一瞬间收进心底。出发那天老刘久久不曾离开，一直望着我们，直到我推着儿子的车走进电梯，偷偷望一眼关卡，他还在，我的眼眶又一次温热，每一次都是如此矛盾，舍不得离开，但是又毅然决然地去旅行！因为我始终坚信，走出去再走回来，收获的每一份吉光片羽都会武装自己的羽翼，都会让自己变得更自信，更强大，更完美！这是生活中的一个良性循环，我希望自己越来越好，虽然妈妈的世界全部都是孩子，但我希望自己是一个没有失去自我，时时刻刻都积极向上的妈妈。这也许才是我对于小小兽最好的教育，言传身教，不仅给他一个愉快的、健康的生活氛围，更为他做一个性格、情感丰满的榜样！

7 月 27 日出发，7 月 31 日回家，赶在小小兽生日前一天。较之前几次飞机旅行，小小兽俨然已经很适应这个过程。绘本、画笔、橡皮泥、手写板、乐高拼块，能够让他在飞机上安静的玩具我几乎一应俱全，在机场候机时还带上切水果玩具，托运的行李中也有他最爱的小汽车、火车、轨道。套句俗话，这世界上没有笨妈妈，只有懒妈妈，太多人不可思议甚至怀疑我怎么可以一个人独自带孩子出去旅行，但我的确做到了，你相信自己能够做到，照着这个目标去努力，你就一定能够做到！旅行是我生活中不可或缺的，孩子更是我生命中时刻都离不开的，这就是我如今的信念，所以，一如既往，背上澡盆和小煮锅，再背上小小兽的小尿壶去旅行，这些都不是累赘，这是他点滴的成长，对我来说这更是最珍贵的经历和对于未来难能可贵的回忆，享受其中，收获的就只有快乐。

活的美满与否就看你自己奏起怎样的旋律，无论是阳春白雪，抑或是下里巴人，知足常乐是永远的节奏。

孩子的世界，我们从不给他植入价值的观念，他可以穿阿玛尼，但是在他那儿就是一件普通的衣服；他也可以坐豪车，但在他的世界那就是交通工具。爱孩子但是不娇惯孩子，我想让他成为真正的小男子汉，在我们独自的旅行中，妈妈是最直观的榜样，

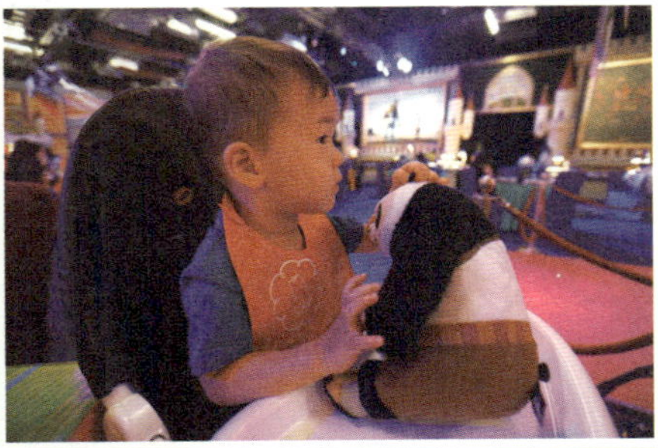

更何况老妈也不是个从小被娇生惯养的孩子，我希望我们的小小兽会是一个能吃苦，懂珍惜的好孩子！所以，如果可以步行的地方就带着小小兽一起走路过去，在如今的社会，能吃苦才是一种财富！

你的翅膀
2014 年 7 月 31 日

在武汉，小小兽当时几乎全程都需要抱着，或者坐推车；之后是小小兽十一个月大，在首尔，记得当时我把他放在景福宫前面的广场上，他就在那里爬着捡小石头玩；再然后我们全家去马尔代夫，小小兽一岁零一个月，开始自己能走得很稳，拎一个小水桶自己在沙滩上挖沙子，追海浪；去年冬天我自己第一次一个人带他去旅行，去乌镇，那时候的小小兽一岁四个月，他像一只快乐的小马奔跑在乌镇的青石板路上，戴一顶红色的虎头帽，穿着印花斗篷；今年三月在新西兰自驾，小小兽光着脚丫，翘着二郎腿坐在安全座椅上，啃着香甜的小玉米，一路跟随我们奔波游走，从新西兰北部的奥克兰一直到最南端的皇后镇……性格也日渐丰满，越来越独立，越来越有自己的想法。旅行是一件很神奇的事情，因为我看到小小兽的翅膀和那颗扑腾腾跳跃的心，虽然他还只是个孩子，确切地说是个不满两岁的婴儿，但他有完整的灵魂，不悦于牵绊的性格，做事也渐渐有了自己的态度。我想每个女人在初为人母时都下定决心，我要做个慈祥的妈妈，我要和我的孩子成为最好的朋友，平等，友善，等等。好吧，旅行把这一切在生活中所要面对的育儿问题都放大了，如今的旅行也就又多了一层含义。

旅行是一种修行，我也在努力学着让自己在任何情形下，尤其是在孩子面前平静下来。连续几天二十四小时完全面对，如果我不在渐变温柔的路上，那我就是被小小兽折磨疯了。当然这是一句玩笑，旅行让我们彼此更加依赖，更亲密，这样的时光其实没有几年，时光匆匆，孩子一下子就长大了，我们再也不能自私地认为他只是我们自己的，更何况他从来都是独立的！

五年前的澳门之行一直有个小小的遗憾，没有去路环。对于澳门的印象，一半是澳门，一半是路环，豪赌喧嚣、纸醉金迷的霓虹灯下，还隐匿着这样一个安静的地方。买一盒玛嘉烈蛋挞，点一杯冰奶茶，坐在海边的大树下发一下午呆，想想都美。但如今还得拖着一个小尾巴，再无片刻安静，一路都追随着小小兽奔跑着，快乐与汗水洒满宁静的路环，此次澳门之行也完美收官！

两岁前的最后一次旅行，以后再出门就再也不是那个不需要单独购买机票的小婴儿了，我的小小兽长大了，是个大孩子了。回北京的飞机上，碰巧旁边的座位都是空的，从起飞到降落，他完全自己独立坐着，看看书，玩游戏，想要把他抱在怀里亲昵几下都要碰巧赶上小小兽心情好的时候。孩子长大了，对妈妈的依赖越来越少，等他再大一些不知道还能不能再带他继续去旅行。也许未来的某一天老妈想出去玩，小小兽会说，老妈，您自己去吧！我是大孩子了！我要独自去旅行！……再后来，也许就会有另一个她陪着我的小小兽去旅行了……哎，还很久远呢，怎么眼眶就温热了呢？小小兽，妈妈真的不希望你长大，真的好希望你是那个永远陪在我身旁的倔强又调皮的淘气包！

兽妈说

第一次在旅行中跟小小兽发脾气，就在澳门！完全就是各种唱反调，不，偏不，就不！开始试图逃脱我的视线，不要拉手，要自己走，不让去哪儿就非要去哪儿，完全是将人逼疯的节奏！的确想做个慈祥的母亲，但我毕竟不是圣人，总有无法克制自己情绪的时候。养孩子的确是一种修行，因为父母是孩子的榜样，而孩子则是父母的影子，我们是怎样的父母，自然教育出怎样的孩子。书上说两岁的孩子性格渐渐进入到一个平稳的阶段，这是近几个月来我一直期待的，但是任何事情都不能照本宣科，小小兽这一步并没有按照书本中所讲的成长轨迹进行，叛逆有加，固执无减。我并没有给孩子添加任何标签，这只是个形容词，形容现阶段小小兽状态的词语，有时候育儿太固守书本也不行，就像生活远比电视剧精彩一样，孩子的性格总是比书本中描述的更丰富多彩，常常让我措手不及。

不过有了第一天发脾气的“经验教训”，之后几天我们都相处融洽，孩子倔强调皮的时候就留给他足够的空间和时间，当然也要告诉她妈妈的底线在哪里，两岁的孩子完全懂得我们在说什么，只是富于挑战精神。放下我们的面子，不要在意路人对你育儿方式的指指点点，在不影响他人的前提下让孩子在情绪需要发泄的时候尽量发泄，在孩子专注的时候尽量不去打扰，知道怎样的事情能让小朋友着迷。小小兽最近有个很奇怪的表现，特别喜欢躺在地上，玩着玩着尽兴了就往地上悠哉悠哉地一躺，我觉得也没有什么，在不影响别人的前提下我就在旁边等他躺够了起来，装作若无其事的样子。小朋友一般如此的行为都是在吸引大人的注意，并且看家长如何反应，不太当作一回事小朋友自然觉得无趣，尝试几次之后他就自然而然放弃了。

在此提醒家长特别要引以为戒的一点就是千万不要在炎热的夏天带孩子来澳门这样的城市旅行，单纯去海边度假还好，炎热的夏日着实不适合带着孩子进行城市游走性质的项目。拥挤和炎热会大大增加彼此情绪崩溃的几率，小朋友满头大汗，家长也是焦头烂额，接下来几天我们完全改变了旅行计划，早晨趁天气还不太炎热带小小兽出去逛逛，下午睡醒午觉我就陪他去酒店的游泳池玩耍，愉快且和谐。

无论去海边还是夏日到比较热的城市，防晒都是重点，小朋友的皮肤比较娇嫩，涂抹防晒霜是每天的必修课。出来玩耍我还会给小小兽多带一套换洗衣服，外加一件长袖，很多地方比如商场、地铁，冷气开得都比较足，冷热交替容易感冒。随身携带小扇子和小手帕，尽量让小朋友身体保持干爽，并且多饮水，小朋友健健康康的，身心都愉悦，旅行才更愉快！

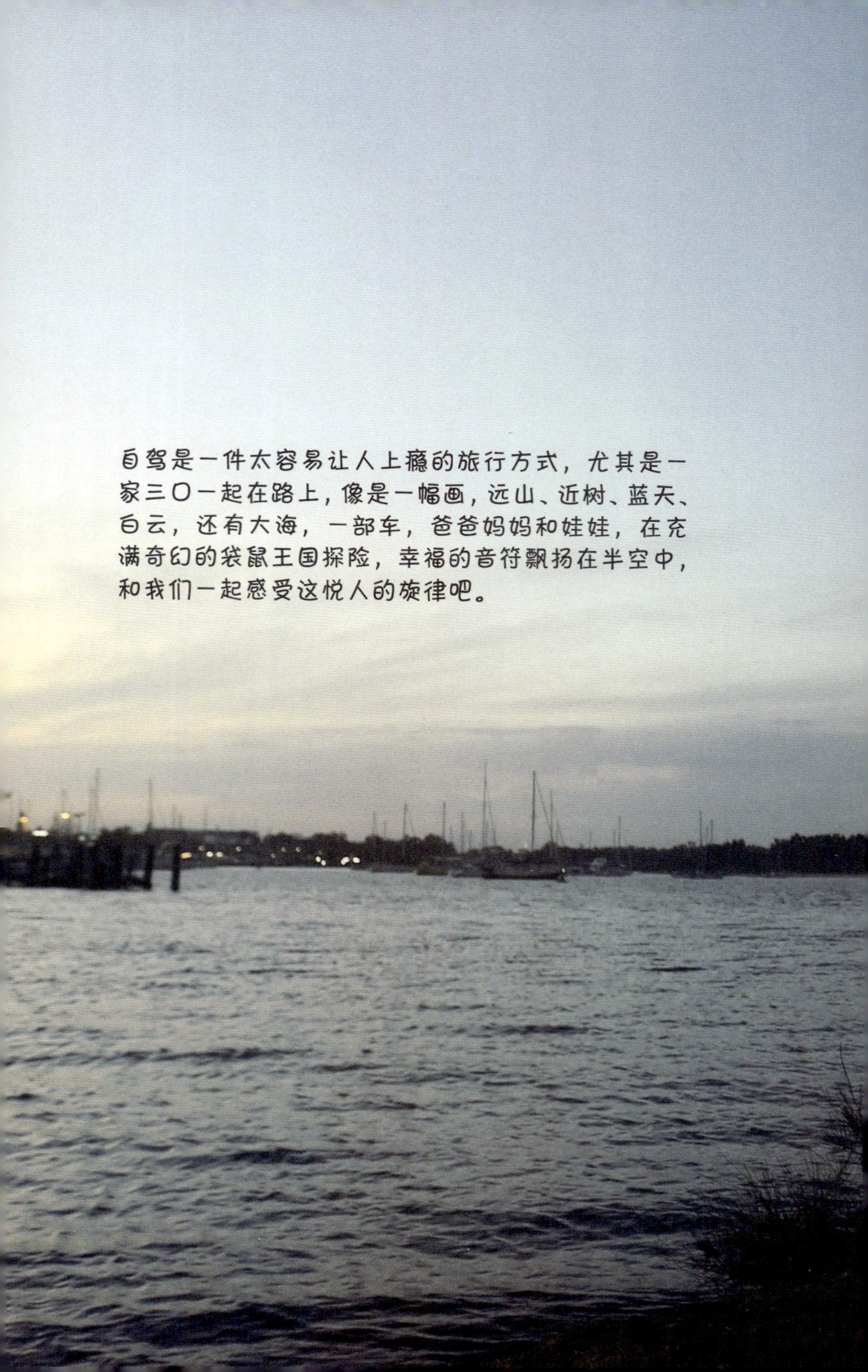

自驾是一件太容易让人上瘾的旅行方式，尤其是一家三口一起在路上，像是一幅画，远山、近树、蓝天、白云，还有大海，一部车，爸爸妈妈和娃娃，在充满奇幻的袋鼠王国探险，幸福的音符飘扬在半空中，和我们一起感受这悦人的旋律吧。

Part 8

寻找 1770

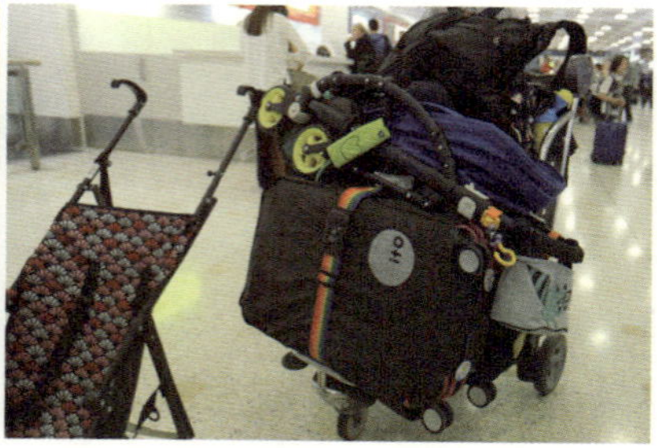

袋鼠王国
2014 年 10 月 2 日

在我很小的时候曾看过一部电影，剧情是一个叫多特的小女孩在森林里面迷路了，后来小女孩遇到一只好心的袋鼠冒着重重危险送她回家的故事。记忆中的画面始终定格在最后一刻，袋鼠转身离开，小女孩万般不舍，过去这么多年回忆起来这画面仍无比清晰。那时候年幼的我还不懂得人世间关于分合离别的故事，但那情景却深深触动着我，袋鼠，也成为我对于澳大利亚最先入为主的印象，只是没想到这么快就要前往这充满神奇色彩的袋鼠王国。

机票九月份就买了，签证临出发前半个月才递上去，关于旅行，心越来越大，1 号出发，酒店和车 30 号才搞定，揣上一本“Lonely planet”，心里只有个大致的路线和方向，至于沿途停哪里、住哪里，边走边看！

都说射手座有颗不安分且向往自由的心，那么日月射手的人就是被自由武装起来的战士，朋友说笑我的生活——“不是在计划旅行，就是在回忆旅行”。这一整年的确带着小小兽走了不少地方，但每一次都只有我们两个人，爸爸平日工作忙，假期也不多，一年一次的全家旅行固然是我最盼望的，你负责拎包、拍照、抱娃，我只负责貌美如花！其实对我来说更重要的，哪里有爸有娃，哪里就是温暖的家，不会在国际出发的时候再上演落泪分别的场景，想起曾经看到过的一段话："小时侯，幸福是一件东西，拥有就幸福；长大后，幸福是一个目标，达到就幸福；成熟后，幸福是一种心态，领悟就幸福。"对于我来说，结婚生子后幸福就变得更简单，和你们在一起就是幸福！

不知是年纪越长越喜欢安逸的旅行，还是小小兽的缘故完全改变了我的旅行，所谓的"穷游"时代已经结束，我的旅行好像不知不觉地已经转成度假。老刘恰是喜欢这样的旅行，他实在受不了我曾经的暴走模式，因为孩子让这个家庭，也让我们的生活和旅行都更为融合，仿若一杯鸳鸯奶茶中放入一颗甜糖，一切都变得更温馨浓郁。当然，也平添了不少小烦恼，让我们欲罢不能甜蜜的小负担，许是这一刻糖还没有完全化开，时常打趣说，如果觉得现在生活平淡如水、毫无生趣，那么，生一个男孩儿试试？！

不知该说运气好，还是运气差，几年前本来计划和老公的蜜月旅行去希腊，赶上2010年希腊经济危机，雅典游行；转年改去英国，2011年8月，英国暴乱，当时我们正在伦敦；2011年初，单位组织去埃及，年前订金都交了，埃及动乱，改去意大利和法国，叙利亚反政府示威，波及意大利，我和朋友前一刻刚离开巴黎铁塔，之后就听说铁塔下被放"诈弹"疏散群众。曾一度被玩笑说我是"战争贩子"，但每一次旅行都有惊无险，我这样一个毫不关心政治的"旅人"却频频遭受"旅行政治"。大洋洲，多么和谐而安逸的一个地方，又是出发两天前，朋友关心地发来悉尼当

日新闻，ISIS 恐怖组织在悉尼示威且发生流血事件，我那一颗心啊，瞬时提到嗓子眼。带着小小兽旅行，这是我最担心的，于是到处搜集消息，各种询问悉尼、墨尔本的朋友，吃了一颗定心丸，被告知：“踏实来吧，一片祥和！”

北京往返悉尼直飞，来回都是傍晚启程，翌日清晨抵达。现在带小小兽出门越来越不喜欢赶时间，更不喜欢早班飞机，在家踏踏实实吃过午饭，去机场。这次旅行有着特殊的意义，小小兽正在自然离乳阶段，母乳 26 个月，这是我们第一次“分离”。半夜里小小兽醒了几次，以往去旅行一块哺乳巾搞定全程，但现在只能各种安抚，又怕宝宝吵到别人，几乎一夜无眠，庆幸的是一早到达酒店时恰好有空房，谢天谢地。

预订的酒店在达令港附近，透过房间的落地窗可以一览达令港的美景，而且面对着派尔蒙特大桥，从机场打车过来半小时左右，酒店出来五分钟就能走到柯克湾码头，悉尼水族馆和悉尼动物园离这儿不远，不过，现在的首要任务是填饱肚子。

悉尼是一座热情的城市，单从那毫不吝惜的阳光就足以证明，不过悉尼的天气早晚温差很大，早上套一件厚外套出门不觉得热，正午时分到下午，穿着短袖都会出汗。老刘站在窗前感慨着，看外面的人各色穿着真不知道今天到底是怎样的温度，不过我想女人应该喜欢这样的天气吧，光腿穿大衣，性感又不失妖娆，一天可以好几种装扮，乐此不疲！

悉尼第一站就先去著名的悉尼鱼市，从酒店出发，步行过派尔蒙特大桥，一路往西北方向，很好找到。派尔蒙特大桥如今只可步行，禁止车辆通行，但是经过重新修复的大桥仍保留着古朴庄重的气息，毫不失历史的痕迹。派尔蒙特大桥通往派尔蒙特区，悉尼鱼市就在此。十月是澳洲的生蚝季，毫不夸张地说澳洲的生蚝确确实实彻底改变了我的看法，味道堪称甜美，挤上新鲜的柠檬汁，独自吞下一打，意犹未尽。

既然自诩为“旅居”，那么吃饱喝足睡个午觉，下午也没有具体安排，就在酒店附近的码头喝咖啡，一家人在一起说说笑笑，小朋友追逐着海鸥，从黄昏到日落，阳光将码头映成金色，柔和的光晕让周身都觉得温暖，只喝着咖啡也醉了。夕阳西下，找一家安静的小馆吃晚餐，达令港的夜景让人着迷，喧嚣声也不觉嘈杂，仿若已经融化在水中，耳边只有海鸥的啼声，更有幸福的欢笑声，悉尼，晚安。

建筑梦
2014 年 10 月 3 日

对于一个从事建筑行业的人来说，能亲眼所见曾经在书本上看到过、学到过，膜拜过、憧憬过的伟大建筑，隔着时空触摸那些伟大的建筑师或许曾触摸过的地方，踏上他们曾经或许踏踩过的土地，没有比这更幸福的事情了。而我毕生之年也没有什么更宏大的梦想，将我有限的生命投入到无限的世界探索之旅中，看遍世间美好的建筑，让它们不只是作为一幅图画停留在我幻想的脑海中，我可以真真切切去触碰，去感受它的宏伟，被震撼，为之陶醉，人生足矣。

悉尼与北京三小时的时差基本上算不得什么，生活如太阳一般照常升起，旅行时候化个简单漂亮的妆带来一天的好状态。散散步，找个有落地玻璃窗的咖啡馆吃早餐，阳光洒满窗格，通透明净的不仅仅是心情。悉尼的早餐比起曾经去过的其他国外城市要丰富许多。我指的是这样的咖啡馆，其实更像是一个专门的早餐店，各式面包，各样芝士，各种口味的酱料，还有切得仔细的蔬菜。尤其很喜欢其中一种貌似蔬菜的红色果实，夹在烤面包之间，微甜，抹上金枪鱼松，能配辣酱，也能配蜜汁，口感很独特，介于水果的甜脆和蔬菜的纤维质感之间，形容不出来的美妙。小小兽也很喜欢，牛奶，三明治，他已经慢慢成长为一个大男孩儿，不再是那个乖乖只吃母乳和稀烂蔬菜与面条的小婴儿，旅行带给小小兽最大的收获就是成长，在旅途中成长。

还记得第一次带他去旅行的情景，那么小小的一个，行动也不自如，只有小眼神好奇地东张西望，打量这陌生的世界。一晃小小兽都两岁了，购买机票已不能再享受更多的折扣，他有了自己的座位，更有了自己的想法，第一次在旅途中"想家"，看着 iPad 里带他去游乐园的画面，指指点点地说想玩这个，想玩那个，还会想姥姥，想 may，一只和他从小玩到大的小狗。但是疯跑起来瞬间又将这些遗忘了。太多人说三岁以前的孩子不适合去旅行，他们什么都记不住，我想不适合去旅行的应该是我们这些牵绊太多，好多都放不下的大人。孩子们看到的是新奇，是满是未知世界的绚丽，而我们呢，能有几个人可以真正做到不从镜头中看风景呢？自惭形秽。

悉尼的天气热起来很快，早上套着厚外衣出门，才不过上午，太阳一当头立刻暖起来，只能穿得住短袖，但是走到建筑阴影处又凉起来。空气倒是极好的。今天没有路线，只有目标，悉尼歌剧院和悉尼海港大桥！之所以说今天没有路线，是因为刚一出酒店我们就颠倒了方向，走反了，询问了街边的路人才踏上正途。酒店在 Sussex St，拐到 King St，路过 George St，途径 Queens Square，转到 Macquarie St，即悉尼著名的麦夸里街，这条街上的建筑多建于殖民时期。我现在常常在脑海里闪现这样一个词“殖民文化”，去过的很多地方大多都以殖民建筑为精彩，讲起来很矛盾，就国内来说，这必然是一段屈辱的历史，被征战，被殖民，但换一种思路思考，这也是一种文化的交融和交合。我一直对西方建筑史有着特别的兴趣，毫不忌讳地认为教堂是我心中最美的建筑，无论是巴西利卡式，还是拉丁十字式，都甚爱。麦夸里街自然也成为在悉尼我比较喜欢的街道，古建筑保存得很完整，街道很宽，不多行人，沿着街道往下走，云层渐渐厚叠起来，已经有海水的味道划过鼻腔侵入脾肺，清新却不腥涩，心情像瞬间被点燃，特别美好的感觉，是的，我们即将面对特别极致的美好！

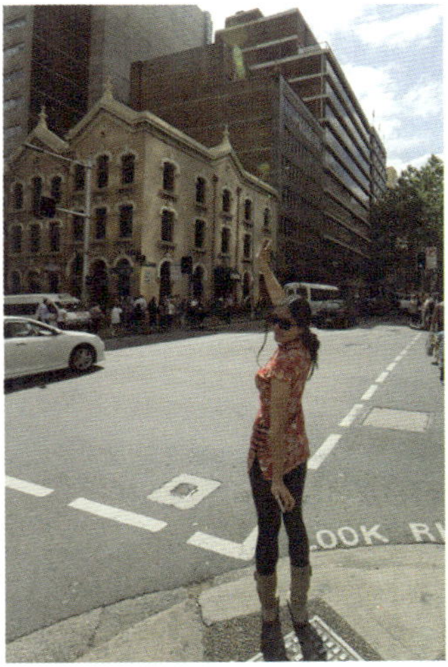

麦夸里街走到尽头的时候我已经开始翘首以待，脚步踏在红绿灯等候处，心情早已飞过马路，悉尼歌剧院已然眼前！那感觉真的很神奇，神奇的建筑，神奇的像做梦一样出现在我的视线中，曾经只是书本中一个二维的平面建筑符号，是我刚刚接触建筑时就知晓的伟大建筑，真的是做梦也不敢想象如今她就屹立于我所在的真实世界中，呼吸都凝滞了，旅行让梦想照进现实！

整个下午都在悉尼歌剧院下面喝咖啡，吹海风，眺望悉尼海港大桥，看海鸥飞处彩云追。以前一直觉得海鸥是种温顺的鸟类，但它们许是被人娇宠惯了，抢夺食物的时候相当凶，一只飞过来一群都跟过来抢夺，不过比起新西兰皇后镇的鸭子也算比较温柔了。小小兽也已经不再害怕海鸥，当年在奥克兰着实让我头疼，想象着一幅美好的画面，海鸥飞处小朋友在欢乐的奔跑，但实际上却是小朋友哭得不能自拔，如今他早已泰然自若。

傍晚想再去悉尼鱼市场大快朵颐，走了很远的路过去居然已经闭市，这才注意到原来海鲜市场下午四点就停止营业。澳洲的大部分商场、市场都关门很早，傍晚六点以后几乎没有几家继续营业，不过达令港附近的餐厅和酒吧依旧红火。在一家叫做 blue fish 的餐厅驻足，被海报中的招牌海鲜大餐吸引，分量极大，三人吃得很饱，还打包了两个大袋子，当作宵夜。

悉尼的夜晚很美，尤其是达令港的夜景，倒影与灯光虚实交错，散步在派尔蒙特桥上，风吹得很凉，推着小小兽，被老刘揽在怀里，从相识、相知、相恋、相爱，又到结婚生子，话题虽已经不关乎彼此，但是共同的疼爱与牵挂让我们这个小家更融合更凝聚，也更温馨温暖。听过一句话，最好的爱情，让你不断完善自身，却不用丢了自己。爱你们每一个，老刘和小刘，爱因你们更饱满。

Allianz
Tally Ho

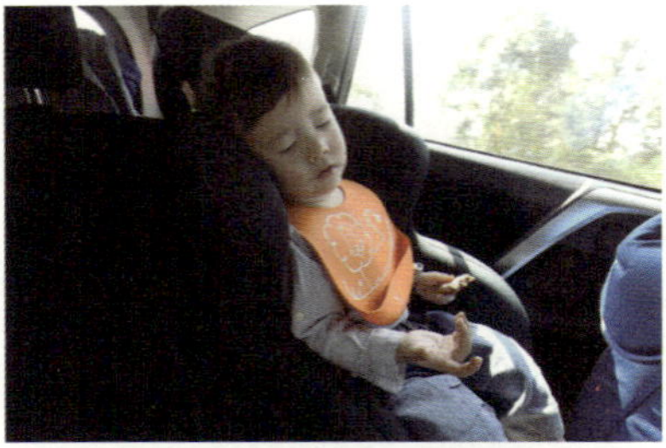

一路向北
2014 年 10 月 4 日

初春的新西兰南岛自驾让我爱上了这种全新的旅行方式，自由、自在，容情于景，心随风景驰骋，高原、山脉、雪山、湖泊、白昼与星辰，每一分每一秒的美好都像是一幅幅被精致描摹过的图画，却更丰满。澳洲也是个适合自驾的国家，并且想去的城市很多，又不想让小小兽过于频繁的飞行，自驾自然是最完美的选择！

先后对比了几家租车公司，最后选择赫兹，感觉价格稍微便宜些，并且有我们满意的车型。我家爸爸出于安全考虑依旧觉得大车比较靠谱，网站预订，当日按照预约的时间去指定地点取车即可，驾照的翻译和认证也是在网上做的，不过取车时候只查验了国内驾照和预订单。装上行李，装上推车，装上孩子，澳洲自驾之旅启程！当然，最重要的——安全座椅，这是带着娃娃自驾之行的重中之重。小小兽也早就习惯安全座椅，而且比新西兰自驾时候更在状态，吃吃喝喝笑笑，笑语欢声的全家之旅，一路向北！

自驾的行程没有具体制定，计划四号悉尼出发，九号到达凯恩斯，十号想在凯恩斯出海去大堡礁，半个月的旅行看似时间很久，但是细分下来还是比较紧凑的。澳洲吸引人的城市很多，先不往内陆出发，就仅仅是沿海自驾，沿途的每一座城市都各具特色，美不胜收，但是力不从心，只能自我安慰未来还有机会。既然已经在路上，就享受当下风光，让心情再不受大脑控制，只跟随风景驰骋，让一切都随风，都随景。

世界上有四个热气球盛名的地方，澳大利亚的昆士兰州便是其中之一。悉尼出发的第一站猎人谷不仅是有名的葡萄酒产地，热气球运动在此也深受喜爱，但是猎人谷距离悉尼仅 160 公里左右，如果第一晚就在此停留，剩下的自驾路程会很辛苦。悉尼到凯恩斯东部海岸线长达 2864 公里，再加上从 A1 公路驶出到达停留的目的地的路程，全程我们大致要

行驶 3000 多公里。无奈只好与这个鸟语花香更是葡萄酒飘香的美丽山谷擦身而过，幻想着已经品尝到甘醇的葡萄酒醉意而归，继续前行北上。

说实话，感觉澳洲自驾时的风景并没有当初新西兰南岛自驾时候惊艳。许是冬季才过的原因吧，山川并不苍翠，高速公路上风景也并无太多新奇，和我们想象的蓝天白云差距有些大，但庆幸的是我们又一次逃开了北京的重度雾霾。虽然天空没有想象中的蓝，但放下车窗空气是清新的，肆无忌惮地呼吸，树木的味道，大海的味道，葡萄酒香，山谷里弥散的花香，美好的味道任凭想象。不知什么时候我的家乡可以再次如此，蓝天白云下青瓦红墙，鸟语花香。

途径纽卡斯尔，我们直接往麦夸里港驶去，好像我们这一路每到达一个地点都是奔着吃去的，计算了一下时间和路程，到达麦夸里港正是晚餐时间。不过也并不忙赶路，沿途休息了几次，透透气，看看景，喝喝咖啡，自驾的惬意之处正是如此，无拘无束，时间自己掌控，但是，要遵守交通规则。

感觉澳洲的天暗得很快，前一秒还阳光无限，转个弯，日头已退去光彩，还来不及欣赏一下麦夸里港傍晚的海浪，泊好车，麦夸里港已经入

夜，亮灯了。书上介绍麦夸里港建于 1821 年，是澳大利亚大陆上建起的第三个城镇，流放到悉尼的囚犯如果再次犯罪就会被拉到这里做苦力……面对如今美景，安静美丽又整洁的街道，灯光依稀闪烁，停泊在港口的船舶上的灯光倒映在水中，荡起的涟漪也闪耀着斑驳的光点，像是把天上的星星投入水里，却隐藏不住光辉。

小镇上逛了逛，找了家热闹的餐厅吃晚餐。这个时间只有几家餐厅还在营业，其他铺面早就挂上“close”的字样。安静的港口渐渐入梦，大海也沉睡了，但是在麦夸里港几乎找不到客栈可以住宿，都已售罄，我们只好继续前行。大概行驶了四十多公里，在一个叫做凯蒙西的小镇驻留。酒店是一边赶路一边沿途搜索到的，是个不大的假日酒店，沿河，最主要的是干净、整洁，车停在房门前即可。停车的时候看到旁边的房间前差不多停满了车，今天是周末，澳洲人很享受假期，所以这几天房间都格外紧张，反正有老刘在呢，即使订不到房间露宿街头我也不怕，也会是另一番体验吧。

今天就到此为止，第一天的自驾一切顺利，期待未来几天的自驾之旅，更重要的是一家人在一起。

拜访拜伦
2014 年 10 月 5 日

时差是个很有意思的事情，清晨醒来看时间，居然才六点钟，原来凯蒙西比悉尼早了一个小时。澳大利亚国土面积广阔，纬度很多，所以同一个国家不同地区有着不同的时差，像是在和时间做游戏。总是在寻思一个自己都觉得愚蠢的问题，如果不停地绕着地球飞，与太阳顺时，那每天是不是可以争取到更多的时间呢？我知道问题很傻，还是抓紧这多出来的一个小时好好地补个觉吧，等太阳升起时再慢慢思考。

小小兽是比闹钟还准时的闹钟，在他的世界里没有时差，自我调整得非常好，“日出而作，日落而息”，这句话用来形容小小兽再恰当不过。昨晚入住时已经半夜，没来得及打量环境就休息了，凯蒙西是个较大的乡镇，我们也仅仅是路过休息而已。酒店位于麦克利河畔，每个房间门外就是车位，对于自驾很方便。才刚起床的小小兽已经开启亢奋模式，迫不及待要出去玩。拉开窗帘，阳光瞬时布满整个房间，而我也瞬间被眼前的景致所惊艳了。麦克利河闪着耀眼的光，青翠的草坪从屋外一直延伸到河畔，河岸边不知是随意生长的野花还是酒店主人刻意种植的，将极简的风景点缀得恰到美处，几张木桌椅，让人忍俊不禁地把早餐搬到室外。自然的馈赠是最好的礼物，阳光、露水、新鲜的空气、孩童的欢笑，隔壁金发碧眼的小朋友也被小小兽的笑声吸引过

来，跌跌撞撞地爬到小小兽的鸭子澡盆里，毫无言语障碍地交流，就这样玩耍起来。地球村的孩子总会带给我们意外的惊奇，没有任何顾忌的释放，没有任何防备的交流，孩子那种与自然、与环境，与一切毫无缝隙的融合是我们永远也嫉羡不来的，却也无从学起。

近中午时刻我们继续出发，算了算路程和时间，正好去科夫斯港吃午餐。科夫斯港并没有漂亮的海边主街，是个内陆型小城镇，但是科夫斯港的几个海滩景致都很美。我们打算去 Jetty 海滩，据说这里很适合家庭游，却不想当天风浪很大，才换好游泳衣的小小兽就崩溃了，像只小考拉紧紧地抱着爸爸不放手，最后在离大海很远的地方堆了会儿沙子才平静下来。看来小朋友喜爱的是那种风平浪静的海面，比如马尔代夫，波澜壮阔对于他们来说恐惧更多，美感全无。

离开沙滩逛了逛海边市集也就到了午餐时间。国外的市集一直有所听闻却第一次遇见，曾经因为时间的原因遗憾地错过伦敦的诺丁山集市。据说悉尼的周末市集也比较著名，悉尼人对于当地市集的热爱丝毫不亚于去海滩，只可惜又都是在周末未能如愿。科夫斯港的市集看上去很大，摊位遍布颇广，贩卖的商品也是各种各样、琳琅满目、千奇百怪。如果是三毛，我想她一定可以在市集上淘到美物，捡来的汽车外胎做沙发，腐烂的羊皮能改成坐垫，骆驼头骨都可以摆放在书架上当工艺品，偌大的市集对于她定是一片别样的天地，于我，遇见已经是一种缘分。

午餐的时候，爸爸给小小兽点了杯 babyccino，浓浓的牛奶泡上撒一层甜甜的巧克力粉，小朋友满足地享受着，他越来越喜欢如我们一般，各样都模仿着，逗人也有模有样。旅行没有打乱小小兽的生活节奏，或者说小朋友越来越适应在路上的日子，吃饱不多时就睡了，正好我们赶路。下一站去拜伦湾吧，太平洋公路向北延伸 30 公里，一个以沙滩和灯塔闻名的小镇，澳大利亚最东端的海角，拜伦角，是不是站在这里就可以第一眼看到澳大利亚的日出呢？应该是合乎逻辑的。拜伦角的得名因于一位英国航海家，约翰拜伦，库克船长就以他的名字命名了这个浪漫的海角。怎用得“浪漫”一词？英国浪漫主义诗人拜伦的祖父正是约翰·拜伦，“你的容光留下了光明一闪，恰似太阳在我心里放射”，拜伦湾的海滩正如拜伦的这句诗歌所形容的这般，让我惊呼不已，美得让人窒息，恰似太阳在我心里放射！留下光明的一闪！

拜伦湾我们没有停留太多时间，山上的风很大，傍晚也几乎没有还在营业的店铺，和老公打算今天开一段夜路，直接去黄金海岸住宿。其实说是夜路，不过傍晚六七点钟，但是天已经暗下来，路上的车也不多，三个多小时车程，安全顺利到达。

这一路下来黄金海岸应该是我们经过的还比较热闹的地方，即便是夜晚大街上也挤满人，很熟悉的感觉。我跟老刘说有点像南戴河，一面是大海，另一面各种高层公寓酒店。不过南戴河没有这么美味的 kababa，自从几年前在英国吃过就一直念念不忘，谁想到黄金海岸居然有这么正宗的店，喂饱了肚子，枕着海浪声入眠，幸福不过如此。

摩天轮的浪漫之都
2014 年 10 月 6 日

清晨是被阳光唤醒的，阳光是被大海唤醒的。从悉尼一路开到黄金海岸，起初还是春天刚入夏的季节，到达黄金海岸已然完全进入盛夏时节，热情肆意，换好行装我们也准备出发！

黄金海岸的海岸线很长，从主海滩，冲浪者天堂，延续到宽阔海滩，伯利角，一直到库尔加塔整片带状海滩都属于黄金海岸。交还了酒店的钥匙，把车停在酒店附近，在不远处的海滩玩耍。浪不太大，小朋友没有那么恐惧，但依旧是不敢到海边戏耍，远远地挖着沙子。我和老刘不断地鼓励着他，想尽各种办法吸引他，试图帮小小兽克服对于大海的恐惧。小小兽喜欢沙子，我们就用小铲子每隔几米挖一个沙坑一直延伸到大海，小朋友蹦蹦跳跳地顺着沙坑往大海跑去，正要窃喜的时候，他折返了，计划失败。但是小朋友反复跑了几次居然自己勇敢地踩到水里，脚丫撩起浪花来，兴致也越来越浓。都说三岁前的孩子是没有记忆的，但我总对此表示怀疑，他一定是把某些美好的记忆埋进头脑中很深的地方，只是随着年纪的增长越来越有自己的想法，不愿意再和我们分享。孩子的世界很神奇，孩子也永远比我们想象和认识的更聪明。

接近中午，沙滩上仍有不少人在晒日光浴，玩耍，根本没有人在乎骄阳的存在，尽情地享受着一切，阳光、沙滩、大海，我们也即将告别前往下一站，布里斯班。

自驾最轻松的一天，不到两小时的路程，顺利抵达布里斯班，预订的酒店在 Adelaide St，与著名的女王大街相邻，并且靠近故事桥。房间令人眼前一亮，套房并且带有厨房，琢磨着晚上自己下厨，牛排、意面和沙拉，最完美组合，再开瓶红酒，美哉。简单整理下行装，布里斯班，我们来啦！

布里斯班的得名全因于蜿蜒曲折贯穿于整座城市的布里斯河，河水给予布里斯班这座城市流动的生命，布里斯河像一条闪亮的绸带，弯弯转转，从山谷流淌到原野，河水在阳光的照耀下碧波盈盈，让整座城市随之闪烁、跳跃，赋予了这座城市多样的气息，我嗅到现代、浪漫、文化，更有它的历史。

顺着布里斯河游逛，先找个地方吃午饭是正经事。沿河的一个露天小酒吧很是热闹，其实澳洲很多城市都有特别多这样的小酒吧，饮料以酒水为主，也有咖啡和果汁，食物主要是鸡翅、薯条，比萨和沙拉，点一杯啤酒望着风景就是一下午。小小兽这次旅行爱上鲜榨苹果汁，也渐渐开始接受外面的食物，不需要每餐都单独做。面对如此惬意风景，我们没有理由不停下来，找了张靠近河边的桌旁坐下。旅行真好，每天都是一家三口一起，简简单单，快快乐乐。爸爸平日工作很忙，如此的全

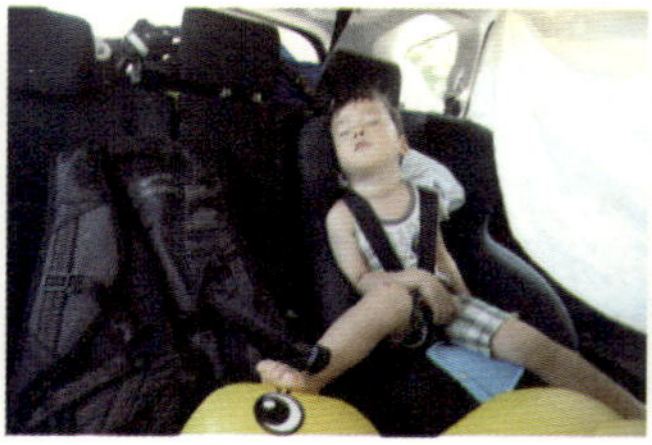

家旅行让小小兽多了和爸爸相处的时间，不过旅行这才行走到一半路程，爸爸曾经也想要带着小小兽单独旅行的雄心壮志早已荡然无存，小小兽几乎二十四小时不熄的精力着实让爸爸难以对付，调皮捣蛋指数升级，总是感叹，再也找不回曾经那个乖乖的娃娃了。但是小小兽每一步成长又都带给我们无限的惊喜，孩子真的成长得很快，一转眼，他已经是个特别有主意的小男孩，也许再一转眼，这个小男孩就要成长为大男孩，也像当年的我们一样，盼望着长大，盼望着长出自己的翅膀，飞高，飞远，飞出爸爸妈妈的世界……

布里斯班的生活与布里斯河紧密连接，然而布里斯班的每个区域又都有着自己鲜明的个性，丰满着这座城市的色彩。沿着河边的木栈道散步，有很多骑行的人经过，据说布里斯班拥有900多公里的自行车道，游客也可以租借自行车骑行，未来还会有机会吧，留些遗憾作为再次到来的理由。

沿着河边一直过到南岸，著名的南岸公园，完美的水世界，不仅孩子们疯狂着，大人们也完全尽兴投入。阳光下铺满欢笑，溅起的水花肆意打湿彼此的脸颊、头发、衣裳，小小兽也蠢蠢欲动，又向往又害怕，终于鼓起勇气拉着爸爸的手下到水里，小脚丫踩踩水都开心得不得了。幸亏早有准备，每次出行都要给小小兽备一套换洗的衣服，不想他牵牵绊绊各种拘束，童年不就是用来尽情玩耍的嘛。

国外的商场一般关门很早，傍晚以后街上行人不多，但今天却少得出奇，除去连锁便利店，商场、超市几乎全部关门！著名的女王大街都寥寥几个人，至于牛排？根本买不到！不过没有什么可以难倒旅行中的我，虽然巧妇难为无米之炊，但是拼拼凑凑有限的食材依旧为老公和小小兽准备出一桌丰盛的美食。三个人围坐在一起享用晚餐，就像在自己家里的感觉，温暖蔓延。

匆匆地经过，布里斯班究竟是怎样一座城市呢？想说她是座现代的城市，站在南岸眺望 CBD 商区，高楼林立，城市繁华，现代化设施完备；也想形容她是座浪漫的城市，道路边、河岸边，很多地方都有一种开紫色花朵的树，分不清现在究竟是怎样一个季节，花朵洒落一地，整座城市都弥散着紫色的气息；更爱这座城市的文化，图书馆、博物馆、剧院、美术馆，虽不能一一参观其中，单单是经过的时候就已经被赋予了一种情绪。在高高的摩天轮下，在壮观的维多利亚桥上，在肃穆的

财政大楼高高的石阶上，斜去的夕阳将这座城市的每一寸土地洒满金色的光芒，迎着光，心底都泛起光辉。其实我也形容不出来这是怎样一种情绪，像是有一股温暖流淌在心底，而这温暖是一座城市给予的，希望在这温度消失之前，在我还能体会到的时候，能再次踏上这片土地，一定捻一朵紫色的花戴在头上，走遍每一条街巷，细品这座城市的味道。

拥有梦想的人生

2014 年 10 月 7 日

布里斯班的清晨阳光已肆意。依旧不习惯国外酒店十点退房的规定，虽不慌忙地收拾好行李，吃早餐，再将餐具洗好放归原处，但上午也就只做些如此的事情就过去了，想自己出去逛逛再回来和老公儿子会合都略显匆忙没有足够时间，索性踏踏实实在房间里忙碌着，像每日居家一般。

这一路都是老刘开车。没有小小兽以前我总是自己一个人去旅行，有时候周五夜晚火车，翌日清晨到达，最多时每天能暴走十几个小时，周日晚上火车，周一早上直接去上班。总有人问我为什么喜欢独自旅行，答案很简单，累。男人喜欢的旅行方式很极端，要么度假酒店泡泡游泳池享受阳光，要么就骑着“侉子”直奔西藏；男人爱冒险，不喜欢小女人闲碎的游荡，我也不想将我的旅行方式强加于他。不过终于让我们寻找到适合彼此的旅行方式——自驾！你掌握车轮的方向，而我，在你心里掌舵，前行关乎你我，美好一同遇见。

梦想无论大小，哪怕是小小的一个心愿，也会成为让生命跳跃的旋律，简单的四分音符亦是美好的节奏。还记得我刚开始说过的小女孩与袋鼠的故事吗？多特和袋鼠，我也有个小小的心愿，能亲眼看到袋鼠，还要亲手抱抱考拉，今天就要去实现这美好的愿望啦！一早我们就直奔 Lone Pine Koala Sanctury，距离布里斯班市中心十公里。

保护区不是很大，主要是考拉，还有一些其他动物，鸵鸟、猫头鹰、蝙蝠，还有袋鼠！自驾这一路其实我们也遇到过袋鼠，但好几只都是在高速公路上见到的袋鼠尸体。大多数袋鼠为野生，而且袋鼠的视力很差，可是对灯光又好奇，有车驶过总会跳去探个究竟。不过据说袋鼠的繁殖率很高，所以即使不小心撞死了也不需要负责，会有专门的人把袋鼠的尸体收走，在澳洲袋鼠肉还是合法可食的，但是想到这么可爱的动物，又想到那个美好而传奇的故事，仍有些伤感。在澳洲的高速路旁常常会看到“前方有袋鼠”的标识，提醒人们开车注意。考拉动物园里的袋鼠可是生活得美好而幸福，偌大的园区是开放性的，有专人喂食，游人也可以买动物园提供的食物自己喂食袋鼠。这里的袋鼠根本不怕人，而且看到食物会主动凑过来，还可以抚摸它们，小小兽兴高采烈地和袋鼠玩耍，比起刚刚抱考拉时候要勇敢得多！

澳大利亚有很多考拉救助中心，考拉已经被澳大利亚政府列入濒危保护动物之列。据说它们很脆

弱很容易受伤，它们每天的睡眠时间长达 17 ～ 22 个小时，因为考拉要在睡眠中消化每日所食桉树叶中的有毒物质，一天中剩下的几个小时继续进食、发呆，或者和其他考拉交流。终于如愿地抱了考拉。小小兽有些害怕，工作人员把考拉抱给他，就被小小兽推开，只能作罢，但是很让人琢磨不透，害怕小小的考拉却不怕大大的袋鼠，孩子的世界我们不懂。完成了小小的心愿，我们布里斯班的行程也就大致如此了，下一个目标，前往 1770 镇！

提及 1770 镇（Town of 1770），大多数人都没有听说过，怎么形容这个小镇呢？1770 镇很小，甚至比起一个码头都大不了多少，但是 1770 镇是库克船长在昆士兰的第一处登陆点，并且，这里有完美的星空！然而才出发我就意识到自己犯了一个特别愚蠢的错误，在手机地图里搜索 1770，显示距离布里斯班只有 35 公里，以为今天又是轻松的一天了，但是老公再次用 GPS 搜索时，发现我们要到达的目的地距离布里斯班五百公里！四百多公里的偏差着实让我慌忙起来，再三确认目的地，Agnes Water，Town of 1770，是的，没错，我先前搜索的地址确实存在，可并不是我们要去的地方，名字略有重复。我们从考拉保护区出发时候已经中午时分，这下午至晚上的路程应该比较紧张了，老刘安慰我说，不要紧，有他在一切都不是问题！

下午一点左右，小小兽吃着吃着就睡了，这也是每天我们自驾最安静的时刻。只要小朋友醒着就永远像是充满电一样，笑闹不停，还必须和我们互动，如果我和爸爸多说两句话没有理他，就会发小脾气，我家的小成员早已不容我们忽视。中途休息了几次，近下午四点钟距离目的地只剩下一百多公里，看来晚餐可以直接到小镇上吃了。

傍晚八点，我们居然迷路了！车开进一个很小的村子，没有灯光，只有三两处房子，车载 GPS 不稳定，手机也没有信号无法导航。老刘先后试探了几条路，开到尽头都是死路，并且路都是那种坑坑洼洼的乡村小路，我们找不到公路，没有信号，没有方向，没有路灯，唯一 GPS 显示着，距离目的地仍有一百公里！

我总是喜欢把生活和旅行来做类比，有时候觉得生活犹如旅行，有时候也觉得旅行仿若生活，旅行和生活都不是一味地直奔目的地，沿途的风景和经历才是最美好的，尤其是夫妻间的相互信任和支持。当时心里确实微有些紧张，但是有老公在，无论遇到何事，只要有他在身边我就会感到踏实和勇敢！

车载 GPS 许是更新不及时，很多小路实际上已经被封锁了，手机的信号时有时无根本无法导航，黑漆漆的夜晚安静得出奇，方圆几里都看不到一辆车经过。先后试图又探寻了几条路，依旧都不通，老刘最终凭

着记忆开回之前的大路上，手机信号很微弱，但最起码可以继续导航，我们决定放弃车载 GPS 指示的最近道路，规规矩矩地在大路上行驶，我导航，老刘开车！

记得以前和老刘恋爱的时候我们在一起憧憬未来的日子，谈到结婚，我说婚礼可以没有，钻戒也可以没有，但是蜜月旅行必须有！我都不清楚旅行在我的生活中究竟占有多大的比重，但坚定地认为如果两个人能在一起过日子的前提必须是可以一起经历旅行！旅行对于一个人的“考察”很全面，是否有变通的能力，有见解，有时间观念，有无照顾人的能力，有无包容他人的品德，两个人有没有共同的兴趣爱好，是否有相同的价值观和世界观。在旅途中我们很容易极致地展现出自己平日的生活习惯，待人接物的态度，文化修养和价值观也自然暴露无遗，等等，提及这套歪理邪说我自己都笑了，但是我知道我找对了人，一个可以让我托以全部信任的人，尽管和老刘的每次旅行都会吵吵闹闹，记得清清楚楚从伦敦往北京的飞机上被老刘气得蒙着被子哭鼻子，但是相爱的人吵不散。

我们总是很坚定地说以后再也不一起旅行了，但是老公每年的年假依旧都留给我们甜蜜的全家之旅，从2007年相识到现在，正是我们夫妻之间“七年之痒”的时候，老刘问我痒不痒？痒！痒就挠挠呗，未来幸福的路还很长，我坚信，只要我们彼此珍惜，精心呵护我们的小家，一切都会越来越好，而家的信条永远都是知足常乐。

几经周折，路边终于出现“Agnes Water 56”和“1770 62”的路牌，胜利在望，到达阿根斯水域还要继续前行六公里才能到达1770镇，这个完全被大海围绕的小镇，让我们好一番寻找，但我觉得这却是自驾途中最有意思的一天。

到达酒店时候晚上八点半钟，主人早已经离开，为我们留下钥匙并写了张字条交代一些酒店的事宜。我们的房间在一层的第一间，这是个二层的地中海风情的小客栈，房间很少，预订的时候是因为喜欢它超级

完美的位置，只是现在天已经黑了什么也看不清，只见得一轮明月当空，依稀几颗星星陪伴。今夜多云，1770 小镇早已进入梦乡。我们连晚餐也无处解决，还好有两包泡面，一盒牛肉土豆泥，小小兽也还剩下最后一顿面条，我们还有一颗鸡蛋、一瓶果汁、几片面包，足够丰盛了！吃得了饕餮大餐，也因简单的温饱而满足，这也是我们对于未来小小兽的期望，生活可以更好，但必须自己努力奋斗，无论前程怎样，不能忘却初衷，懂得知足常乐，让乐观成为一种生活态度，积极向前！

夜深了，1770，先说晚安了。

如果我也有一辆皮卡
2014 年 10 月 8 日

小镇真的如形容中一般，也就只有个码头大小，步行十分钟已经将小镇逛个遍。一面是大海，一面是彩色各异的房子，像走入一部美国西部电影中。沿街停了几辆酷酷的皮卡，偷偷地站过去，拍一张照片留念，幻想自己也能有一辆这样的车，再买一个冲浪板绑在车顶，四处游荡，遇到大海就停下来安营扎寨，四海为家，浪迹天涯……不知是小镇本来人就少，还是我们起太早，这一早上都没见到几个人，不过有美景已然完美，小小兽有他的曲奇饼干也已经心花怒放。1770 镇很热，不清楚这里具体的纬度，但应该有盛夏的温度吧，吃完早餐往酒店溜达，才几步，额头已微微渗出汗，早上出门时给小小兽直接穿着泳衣，这会儿他早已迫不及待地想要跳到游泳池里了！

最初选酒店也没具体了解是怎样的风格，就一眼看中了它的位置，位于1770镇中心，面朝大海，蓝白的地中海风情建筑风格与景色融为一体。站在酒店露台上眺望大海，呼吸到花香，我仿佛还闻到浪花的味道，远处的帆船色彩斑斓的，漂摇在浩瀚的大海中，处处都是风景，道道精致靓丽。内心豪不设防地被这一切触动，拨慢心情的秒针，安安静静地享受一家人在一起的那份心安，用镜头记录下这份恬静。有陌生人灿烂的笑脸突然闯入，街边小酒馆前面的高脚凳上坐了一排人，见我在拍照，都扬起手向我们打招呼，那份热情给炎热的夏天注入更多的阳光，不是灼热，是美好在挥洒！

不打算在镇子上吃午餐了，今天想多赶些路，本以为昨天自驾会是轻松的一天，因为之后两天路程还很长，但由于我的失误计算，接下来的自驾都会比较辛苦。但是老公一个劲儿安慰我，自驾在他来说小意思，实在累了我们就找地方住下休息，暂时没有目的地，只有方向，继续北上！

午餐最终也没有正式找个餐厅解决，在高速路边的加油站买了快餐。大部分时候还是会给小小兽买些健康食品，不过小小兽也在渐渐发现那些垃圾食品的确美味，孩子嘛，也不能完全照书养，毕竟不能把他们完全供养在真空罐儿里，没有棒棒糖和冰激凌的童年又怎能叫做童年呢？更何谈美好！也很佩服自己，总能为自己的歪理邪说找个恰如其分的借口。

从中午到现在我们已经大概行驶了九百多公里，途径几个热闹的小镇，镇子都不大，离开镇子就是很空旷的感觉，却让我们遇见了完美的星空！还有月全食！起初不以为然，渐渐地发现月亮慢慢在变红，居然有幸目睹了月全食的全过程，月亮、地球、太阳完全在一条直线上，整个月亮都“躲”进地球的影子里。红月亮一路伴随我们到达今天的目的地，汤斯维尔！在此停留没有什么特殊的原因，时间和地点恰好，此时为止，今天我们已经行驶了一千多公里路程，辛苦了老公，接下来最重要的任务就是好好地睡上一觉！距离自驾终点不远矣。

329·TIP
QUEENSLAND - SUNSHINE STATE

于我们的 2046
2014 年 10 月 9 日

汤斯维尔开到凯恩斯其实比起前几天的自驾旅程要轻松很多，今天也是我们自驾的最后一程，但是老刘略显疲累。昨天一千多公里的路程的确很辛苦，几次想替老刘开车，都被拒绝。老刘是个很细心的人，以前对我是，现在对儿子更是，高速公路，又是右驾，他怕我不适应，怕有任何危险，全程大概三千多公里的路程都是他一人开下来。我从未对一个男人如此信任。很多人都羡慕我的生活，尤其是我的婚姻。从和老刘相识到如今依旧恩爱甜蜜，我们没有任何关于家庭的谈判和刻意的分工，尤其是小小兽降生以后，一切都过渡得十分自然，老刘负责赚钱养家，我则做好他坚实的后盾。我可以一个人很强大，但我不得不承认我对于老刘的依赖，

各方各面，他是我生活的骨架，支撑我的全部。为了家庭，为了孩子，我可以义无反顾辞去我稳定的工作，放弃我多年热爱的建筑，我的爱情理念很简单，破釜沉舟！我不想在婚姻里给自己留后路，如果幸福是一场赌注，我赌上全部，这应该和太多的心灵鸡汤倡导女性独立相悖离，每个人追求的幸福不同，自己幸福与否，问心。

说着说着就跑题了，言归正传。汤斯维尔虽然停留时间不久，但是却觉得这是一个很有个性的小城，建筑风格迥异，带有浓重的异域色彩，和我们之前经过路过的澳洲城市都不相同，热带气候明显，天

更是蓝得不像话，依旧人不多，早上带着小小兽出去溜达一圈没遇见几个人，很少有开始营业的店铺，幸好有个小小的咖啡馆，外卖一杯拿铁边喝边逛。天气着实很热，临近中午时我们就回酒店了，爸爸也已经起床，收拾好行李，向最后一站出发！

汤斯维尔前往凯恩斯途中经历了一处如仙境般美好的地方——卡德韦尔，太平洋高速公路几乎一直是沿海的，但并不是与大海相比邻，公路与大海被树林、被山脉、被田野隔离，手机导航突然显示出有一段路程是临着海边的，起初根本没有抱什么幻想，但眼睛还是禁不住向窗外眺望，心也些许地盼望着，马上就要驶过了，心底略有些失望，高速路怎么可能临着海边呢？！就在即将要放弃想法的时候，眼前一闪，爱丽丝梦游仙境般的奇景出现在我们面前！天空像是刚刚被精心洗刷过，透着柔美而温和的蓝色，恰到好处地点缀着几片奶白色的云朵，柔软着，海面在闪光，不知是不是上帝打翻了牛奶罐子，明明是蓝色的海洋却让我联想起牛奶的感觉。几棵高大却怪异的树木立在海边，枝叶很小，远远地看去仿佛只有光秃秃的树干，大树的影子清晰地照在海边的小路

上。迫不及待地跳下车，奔向其中。小路旁有辆贩卖商品的房车，上面插满了各种旗帜，海边的风很大，旗帜在风中飘摇，我戴在头上的花也不知被风吹向何方，风吹得人想翩翩起舞，更想在这个小镇停留几日，但是我们也不得不赶路了，卡德韦尔距离凯恩斯 93 公里，2 小时 17 分钟。

悉尼出发，一路向北，越往北开风景越美，穿越雨林，我们已经完全开启盛夏模式。凯恩斯是个热情得可以穿着比基尼满街奔跑的城市，我这样形容她，确实，毫不夸张！

下午一点到达凯恩斯，入住酒店，房间门牌号居然是 2046！颇为浪漫的收尾，我们的自驾圆满顺利完成！迫不及待地奔向阳台，一望无际的大海跃然眼前，曾经总在幻想“面朝大海，春暖花开”的日子有一天可以降临到我的生活中，为往日的平淡注入一缕明媚，如今这美好的画

面会时常出现，梦想照进现实并非遥不可及，拥有梦想，为之努力，为生活点燃一盏希望的灯，无论何时开始都不晚！

带着小小兽去海边玩耍，让老刘好好休息下，六天时间，三千多公里的自驾的确辛苦，也为明天的出海好好充个电！其实这次澳洲之旅我根本没有准备泳装，也根本没想过要深入大海。关于凯恩斯我了解得并不多，只计划坐个船，出个海，看看大堡礁，就只有这些。但是刚刚踏上凯恩斯的土地我就完全被融化了，生机勃勃，每一处风景都仿佛要拥你入怀，召唤着你投入其中。

而我和小小兽也正扬起臂膀奔向海边，纵情投入！在海边栈道上随意溜达着，孩子总是最尽兴的，毫无顾忌地扔掉鞋子光着脚丫奔跑着，面对着大海放声呐喊。他的欢笑声也感染着经过的路人，纷纷投来友好的目光，还和小小兽打招呼。近处的港口停满了白色的船只，港口码头都是开放的，因为有些船上还会卖当日打捞上来的肥美的海鲜，也是时候填饱我们的肚子了，但是小小兽更爱饭后的冰激凌甜品，晚餐后举着一个大大的草莓冰激凌，坐在海边，他一口我一口地享受着这份甜蜜。眼前的美景醉人，天空上的云朵变成彩色，是夕阳赋予他们多样的色彩，夕阳渐渐西下，但热意未退，热情更不会退去，凯恩斯的美好才刚刚开始，明天将有着更多的期待！和我们一起盼望吧！

深入海底
2014 年 10 月 10 日

带着娃娃旅行，无论起多早，无论昨天晚上准备多么充分，第二天早上依旧会觉得有很多事情要做。小小兽可不像小时候带出来那样“可控”，穿个衣服都跟打仗一样，传说中的“terrible two”，叛逆，调皮，喜好挑战，当然是挑战老爸老妈的耐性。慌慌忙忙，终于换好船票准备登船。我们的船票也是在酒店大堂办理的，因为带着孩子出海，考虑到安全问题，我们选择了 sunlover 公司的大船，临出发前在船务公司大厅直接换当日船票登船即可。我们在船的二层找到一个舒服沙发的位置，出海！大堡礁！

今天的云比昨天更美，层层叠叠布满天空，仿佛行驶到大海的尽头顺着最下面的云朵可以一直攀爬到天空之上。船渐渐驶出码头，渐渐地，我们的眼中就只看到天空和大海，一望无际，如此汪洋之中，我们就如同浪花般弱小，甚至敌不过一只普通的小鸟，我们连翅膀都没有，在大海中束手无策。之前老刘也是坚定地要求买当日往返船票，带着小小兽坚决不在海上过夜，我们都过了冒险的年纪，或者说我们从来都没有资格去尝试那种具有危险意义所谓刺激的旅行，不是我们没有胆量，而是一种责任，平淡也可以精彩。

大堡礁是世界最大的珊瑚礁区，长达 2000 公里，大堡礁的行程分为内礁和外礁，去过的朋友都推荐去外礁，因为更美。大约航行十几分钟，船停靠在翡翠岛，去内礁的游客在此上岸。我们去外礁航行时间比较长，大概四十多分钟，但实际感觉更漫长，因为我和小小兽都晕船了。带小小兽到甲板上吹风他有些害怕，坚持要和爸爸留在船舱，我一个人坐在船尾的甲板上吹海风，发丝飞扬，飞溅起的浪花不时扑上面颊。眼前的画面很简单，大海、天空、云朵、天际线，但却构成了雄壮的美景，震慑人心。无边无尽的深蓝一直绵延到心底，轰响的船声，若不是胃里浅浅地翻腾，简直忘却了自己的存在，不过吹吹海风好很多。时不常回船舱看看小小兽，可怜的小家伙躺在爸爸怀里打蔫儿，爸爸心疼坏了，直埋怨不该带着小小兽出海。因为年初在新西兰皇后镇我也带着小小兽坐过船，那种老式蒸汽船，我们两个都没有任何问题，实在没想到宝贝会晕船。不过我还是提前准备了晕船药品，在小小兽胸口和耳后都擦了些。可能是船行驶得太快了，船上几乎有一半人晕船，热心的老刘还把我们的药分给了周围几个晕船的人，因此回程的时候我们多了很多一路说笑的朋友，尤其是小小兽，有个黑人阿姨超级喜欢他，和他玩闹了一路。

终于，船在大海中央一处浮台边停靠，因为浮台用很大的基石固定在大海深处，很稳定，几乎不会摇晃，我和小小兽的晕船症状也慢慢消失，活力恢复，换上泳装立刻投入大海的怀抱！我们购买的船票包含很多项目，自助午餐、浮潜、玻璃底船，还有儿童游泳池。其实就是用铁栅栏圈起一处比较浅水的区域供小朋友玩耍，水没到我的膝盖，小小兽这般大的小孩就他一个，所以这个小小的泳池只有我们两个人，爸爸在船上给我们拍照。起初小小兽很害怕，坐在扶梯上用小脚丫踩踩水，我和爸爸一起鼓励他下到泳池里，因为波浪很大，所以小朋友还是有些紧张。旁边的救生员阿姨特别好，一把一把地往大海里撒鱼食。我也是第一次见到这么多鱼跳跃出海面，就在我们的泳池周围，有些稍小的鱼还从旁边的缝隙里游进泳池里来，各样颜色、各样种类的鱼，有大有小。小小兽惊呆啦，胆子也渐渐大起来，开始还拉着我的手试探着走，慢慢放开我的手自己在泳池里游耍起来，看得出他开心的模样，那种小小的得意，因自己的勇敢而发自内心的快乐。直到午餐时间小小兽才无奈地被我们从海里捞出来，依依不舍地和海里的鱼儿们告别，孩子的快乐是没有雕琢的快乐，孩子也是最会传播快乐的人，和小小兽在一起，我们都收获了更多的欢乐。

去深潜是临时才决定的，船抵达浮台之后大家分散活动，深潜的team正好在我们旁边讲解，负责人是船上一名台湾船员，瘦瘦的，看起来很严肃。他问我是否曾经有过潜水经历，我回答潜过两次，但是上午人员已经满了，我被安排在下午一点半潜水。陪小小兽在儿童泳池玩耍上来，又吃过午餐，时间已经差不多，爸爸带小小兽去船舱睡觉，我去潜水区等候。

我觉得海洋是比天空更让人着迷的世界，大海让人更亲临，沿着浮台下面的链索渐渐下到海水中，每一寸发丝都与海水亲密接触，身体由外而内感受着大海的温度，略微发抖。教练拉着我的手慢慢离开链索区域，往更广阔的海域下潜，开始有鱼从身边经过，彩色的鱼群，将我慢慢环绕，心慢慢平静下来。

教练松开我的手，游到我身后，用一只手扶在我肩膀上，并用手势询问我身体适应状况，是否可以进一步下潜，我表示没有问题，我们又深一步下潜。身体越来越适应，教练已经完全放开我，只在周围紧随着保护。我自己像平日游泳那样两只手轻轻地划水，双腿双脚上下轻微摆动，

但是身体总是歪向一边，教练轻轻一按，我又立刻平衡。那种感觉很曼妙，一切都像是慢动作，缓缓地，毫无急促地漂浮在海底，静静地感受着海水带给身体发肤每一寸的亲腻感，虚幻却又真实。虚幻的是这神秘而深邃的海底世界，珊瑚礁，各种海洋生物，不知上帝是如何创造了这般万物，比梵高用来作画的色彩还多姿，比高迪用作建筑的线条还丰富。多年前看过一部电影，结尾处男主人公放弃人类生活，随美人鱼永远潜入深海，当时我想那该有多无聊啊，怎么舍弃得了人类世界的精彩！就在这一刻，我知道我错了，人类的渺小就在于自以为是的伟大，世界太大了，宇宙更是无限，我们所能浅浅触及的这般已经如此绚烂，更是如此深奥和神秘，那人类达不到的世界又该是怎样神奇，无限？！我不敢想象！

我们越潜越深，已经下潜到六米左右的地方，但是仰头却又觉得离海面不远，这是海水太过清澈的缘故。身边的鱼种类不断增多，越发奇异，但这些鱼许是已经习惯我们人类的打扰，悠闲地径顾自己的方向，听说鱼的记忆只有七秒，

很是自相矛盾的猜测，子非鱼安知鱼之乐，又安知鱼之意啊。

大堡礁生存着400余种不同类型的珊瑚礁，各色各异，千姿百态，绮丽壮观，而创造出这世间奇观的伟大的建筑师居然是直径只有几毫米的珊瑚虫！珊瑚礁是不可以触碰的，这是澳大利亚的法律，下潜的时候总觉得自己的脚马上要碰到珊瑚，小心翼翼地游过去又离得好远。教练询问了我的身体情况，良好，于是又带我继续下潜。海底黑漆漆的，只有身边的地方是闪亮的，珊瑚和游鱼都越来越多，别说是相同，甚至没有相似样式的珊瑚，每一处珊瑚礁都呈现着自己独特的造型，柔软地随着海水舞动，各样的小鱼在珊瑚丛中若隐若现，这像是一个神奇的游乐园。教练拉拉我的手示意我和他做相同的动作，只见他用手掌轻轻在一处珊瑚上呼扇了几下，珊瑚上的一朵紫色小花似的生物立刻缩进珊瑚里，还有尼莫小鱼成群结队游过，让我开始怀疑迪士尼的动画根本不是动画，而是真实存在的世界！

愈潜水愈深，新奇并存着紧张，像是一层又一层的迷宫，每一层都奇幻绚丽，每一层在未到达的时刻都充满神秘，更拥有无尽的魅力，吸引我向前、向未知，每一刻又都想退缩回去，因为确实越来越害怕，但有股强大的力量驱使我向前，向一层层的黑洞探索，打开一个个未知。教练见我也没有停下的意思，索性满足我强烈的好奇心，带着我潜向更深的水底，我们下潜到八米，真想挣脱了这一切束缚就像个自由的鱼一样永远生活在这海底世界，勇敢，无畏，激流向前！思绪还在漂摇着，突然面前出现一个人，戴着大大的潜水镜，举着夸张的相机，幸福定格在一瞬间，这美好的记忆也在我心底成为永恒，更让我暗暗下定决心，我想要系统学习潜水，与这美丽而神秘的大海更为亲密的接触！

上岸后换好自己的衣服到甲板上晒太阳，在水底的时候不觉得冷，上岸后嘴唇冻得发紫，喝了好几杯热奶茶才慢慢暖和起来。小小兽刚刚睡醒，我们也要返航了，感觉回去的路程比来时近许多，小小兽和我也没有再晕船。抵岸后，迎接我们的是凯恩斯金灿灿的夕阳，整个码头都被照耀得闪着金光，望着小小兽和爸爸甜蜜而金灿灿的笑脸，幸福还能是怎般的模样，这一刻足以完美定义幸福！

“猫本”快乐
2014年10月14日

去过的城市说多不算多，但也有几个，真正觉得可以像北京一样过生活的，只有墨尔本！新西兰的美着实惊艳，但游到最后，好山好水好寂寞，无法洗尽铅华，更脱离不了俗世，那样的安逸无所适从。欧洲我一直喜爱，那些大师的建筑让我犹如坠入历史一般沉醉，但总也找不到想留下的理由，无论怎样都总觉得自己不属于那里。墨尔本，我爱上她的文艺，也不舍奢华，总能在那些钢筋水泥中嗅到文雅的历史气息，街角小小的咖啡馆、宏壮的历史建筑，完美地在这座城市交融，现代与历史并存。这里没有像悉尼一样让人直奔主题的著名建筑，闲散地游逛，累了街边喝杯咖啡小憩一会儿，倦了找个广场公园闲坐几分，人不嘈杂，不像悉尼那般人满为患，就像北京和上海给我的感觉，墨尔本像北京，悉尼像上海，显然我是更爱北京的生活！

上午在凯恩斯海边的公共浴场享受无尽的阳光，人工沙滩，广阔的草坪，聚会，日光浴，孩子们愉快的玩耍。碰巧赶上周末，下午停车都是免费的，公共卫生间24小时供应热水洗澡，简直如天堂般幸福。小小兽也玩疯了，一会儿趴在水里，一会儿假装自己在游泳，不亦乐乎，又是到了午餐时间才依依不舍地被我们从水里拖出来，因为吃过午餐我们要赶往凯恩斯机场还车，乘下午的飞机飞往墨尔本！

凯恩斯到墨尔本飞行时间三个多小时，小小兽从机场一路睡到飞机上。现在和老刘惬意地享受一杯咖啡时间都要等小小兽睡觉时，正处于terrible two的小朋友是我们一路上欢笑的小天使，更是顽皮捣蛋的小魔王。到达墨尔本已经晚上，这一路从初春开往盛夏，才下飞机有种入秋的感觉，顿觉几分凉意，墨尔本的朋友提醒千万不能忽视墨尔本的天气，不仅早晚温差大，这前后两天的温度也会瞬变，在未来的几天我确实亲历体验。

抵达入住已经夜晚九点左右，酒店临着维多利亚女王大街，位置很方便，尤其喜爱房间阔气的露台，正面对着一座教堂！庄严而肃穆的教堂，给人感觉像是住进一部神秘的童话故事里。著名的库克船长小屋就在酒店旁边的菲茨若伊公园里。这里的植物长得很奇特，枝叶很大，小屋被修剪整齐的灌木围绕着。库克船长小屋记录了澳大利亚的历史，1728年詹姆斯·库克就出生在英国约克夏郡的这座小屋里，库克船长是发现澳大利亚大陆且第一个登陆上岸的外国人，1934年小屋被小心拆分，编号，按原样组建而成，从英国到澳大利亚，暗黑的褐色透出古老沧桑，委婉地倾诉着澳大利亚每一分每一秒的精彩。

酒店到达市中心各处也便捷，走路去唐人街，分分钟到达，以至于在墨尔本这些日子天天吃中餐。生活在墨尔本真的不用想念国内的美食，无论是川菜，还是粤菜，各种菜式一应俱全！街头巷尾更是我热爱的咖啡馆，随处一家小店都随性却又精致，让人忍俊不禁地停下来享受一杯温热而醇香的咖啡，哪怕只是望着窗外发一下午呆也不觉得乏味。繁华而古朴的大街上偶尔还有马车驶过，更让这座城市愈发的神秘，愈发吸引人。

来墨尔本第三天果然温度骤降，前一天穿件长袖刚刚好，整夜的阴雨，

天到清晨也没有晴透，风一起又落起雨来，忽大忽小。在墨尔本生活的人好像已经习惯了这样的天气，甚至雨伞都不打，我们却及时地又穿上冬装，冻得瑟瑟发抖，并不夸张，昨日的最高温度达30度，今天才13度！

一般游客来墨尔本都会选择自驾或者一日游大洋路，去看十二门徒，我心想着未来还有机会，而且一路从悉尼到凯恩斯六天自驾，不想再劳累奔波，旅行嘛，安逸随性就好。在墨尔本这些天几乎就是随意逛逛，吃吃喝喝，见见朋友，墨尔本的生活本也该如此。就如此晃晃荡荡的旅行也渐渐接近尾声，返回悉尼，再会，“猫本”！

又见阳光
2014 年 10 月 16 日

雨水淋漓过的街道泛起湿漉漉潮湿的味道，溜溜达达地到处走走也不错，其实在悉尼最后两天也没有更多的安排，不过很想再去一次鱼市场！

酒店这次选在悉尼歌剧院附近，在 George St 上，和之前住过的情人港感觉完全不同，一边喧嚣，一边安静。不同的体验是件幸福的事情，人生很短暂，如果从头至尾都过一种生活太过单调，旅行让脚步和心一起奔走，去看外面的世界，体验不同于自己的人生。当然我们总会为自己想做的事情找到一个冠冕堂皇的理由，如此，晚上就可以溜达着去看悉尼歌剧院和海港大桥的夜景了，心心念了那么多年，只一面之缘又怎能心甘？庆幸的是第二天夜晚雨已经停了，老公在酒店陪伴小小兽，我独自一人前往。

我总说其实孩子比起我们适应能力更强，这么小的孩子更没有时间和空间的概念，就比如在他心里，马尔代夫的沙滩和黄金海岸无差，新西兰的自驾与澳洲自驾更没有区别。旅行中他不会因为时差而困扰，食物大部分是在酒店做给他吃，一切安排都按照他的作息时间进行，从小小兽七个月大跟着我们出来旅行，到现在长途飞行跟随我们四处奔波，旅行中从没有过任何身体的不适，我指的是水土不服、感冒发烧之类，但是，在悉尼的最后一天夜里，半夜突然醒来，发现小小兽发烧了！

一路从春意盎然的悉尼出发自驾北上，温度越来越高，经过初夏的布里斯班，遇过盛夏的黄金海岸、凯恩斯，又到如秋的墨尔本，一场大雨让气温由三十几度骤降到十几度，尽管我每天出门都带足衣服，适当时温度及时加减，但小小兽还是发烧了，两年来旅行中第一次！也因为刚刚离乳，抵抗力有所下降。其实说实话并不是太担心，首先知道原因，还有小朋友发热和成人不同，精神状态很好，如果温度不高于38度5，不需要服药，物理降温即可，并且补充电解质，多饮水，中医按摩，第一次我的万能小药包派上用场。不过和老公还是希望小小兽多休息，这活力的小马达却依旧动力无限，今天悉尼的天气好得出奇，蓝天白云又重

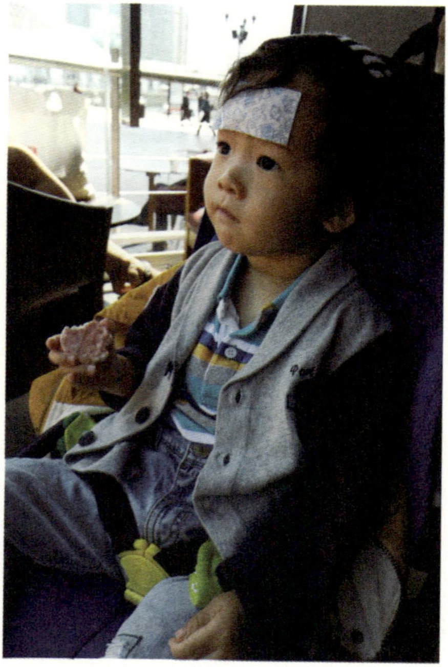

新回到悉尼上空，决定推着小小兽出去晒晒太阳，旅行休养两不耽误。

小朋友精神状态一直不错，体温并不很高，贴着退热贴，并且多多补充电解质。之所以并不是特别担心，首先因为情况都在掌握之中，并能很好地处理，更主要的也因为有老公在身边，我会很踏实，只要老刘在，就算天塌下来我都不害怕。但是我想如果是我一个人带着小小兽出来旅行遇到如此情况，我多少还是会有些慌张。我总想让自己变得更强大，尤其是有孩子以后，我想能为他撑起一片天，我每时每刻都想要变强大，不是证明给谁看，那是作为一个母亲必要丰满的羽翼，想为我最疼爱的天使挡风遮雨。陪伴孩子成长也是自己的一个成长过程，我知道我做得远远还不够，需要更多付出，更多磨练，我会为之努力的！

即将告别悉尼，不仅仅我们的澳洲之旅要划上一个句号，小小兽的母乳时期也划上了一个圆满的句号，半个月的旅行也是小小兽自然离乳的一个过程，孩子的任何行为真的远远超出我的想象。26个月的母乳时光，其实对于离乳更不舍的是妈妈，一直以为离乳会是一个艰难而困难的过程，也感谢爸爸这些天的辛苦，夜晚更多时候是爸爸陪着小小兽入睡。这个小婴儿仿佛一夜之间成长为一个大男孩儿，不再是那个腻在妈妈怀里撒娇吃奶的小 baby。小小兽，谢谢你这两年来给予我的亲蜜时光，旅行的最后，想把很喜爱的一段文字作为结尾，文字摘自《西尔斯母乳喂养全书》，也献给所有正在母乳，以及已经离乳的妈妈们：

“宝宝最终会断奶，有一天他会彻夜睡觉，这种高需求的育儿阶段很快就会过去。宝宝在你床上的时间，在你怀里的时间，吃奶的时间在人的一生中是非常短暂的，但是那些爱与信任的记忆会持续一生！”

兽妈说

这次旅行算是小小兽的又一个全新的成长阶段——离乳，从此以后的小小兽彻底告别婴儿时期，他已经是个坐飞机都要有自己独自座位的小男孩了，我和爸爸总叫他小男子汉！

小小兽的每一步成长都会带给我们惊喜，但是，也着实让人头疼。本来澳洲之行前爸爸也想尝试一下单独带宝宝旅行的感觉，但是从澳洲回来以后便彻底打消了这念头。小朋友每天都要情绪崩溃一下，不定时的喜欢说不，不愿意受限制，好奇，探索，挑战，不让干什么就偏要去尝试，成人角度以为的：为什么那么不听话？！也是育儿术语所提到的：terrible two！是的，小小兽进入到“可怕的两岁”阶段！

当然很多育儿书籍也说不要给宝宝“贴标签”，但这的确是幼儿都会经历的一个阶段，也是生理发育的必经之路，任性、哭闹、任何事情都要对着干，永远都在说不。育儿书籍里提到，在这之前宝宝不能完全区分自己和外界的关系，大概到了两岁左右开始形成“我”的意识，自己的想法，自己的愿望，小朋友会通过各种途径证明自己是个独立个体。不仅在语言方面，更有行动方面，而且越是身体健康、精力充沛的孩子，“造反”的程度就越强烈，如此说来，小小兽的确是个精力超级、特别充沛的孩子。自认为平日对于小小兽给予的自由是足够的，没有那么多条条框框，不轻易用大人的方式限制他，除非是一些我认为的原则性问题才干涉，比如打人，比如餐桌上的礼貌，也比如很多涉及安全的问题。

这个时期的小朋友会有越来越多自己的主意，即使我们不参与其中，他们也可以自娱自乐，而且很注重自己的空间，对于事物也有了一定的秩序感，而且会安排我们去做什么，这是乖的时候，其实很有意思，像个小大人。但是，情绪会突然毫无征兆地爆发，一分钟前才讲好的事情，瞬间开始反抗，挑战越来越多，并且开始了我最反感的发脾气便“躺在地上”，还好小小兽没有那么夸张。为了同小小兽一起顺利度过这个特殊的阶段，我买了很多相关方面的书籍，克制自己，努力不用原始脑行事，在孩子不冷静、发脾气的时候给予温柔的拥抱，等等。这对于家长也是一种磨练，但是好难，育儿亦是一种自我的修行，我们总说孩子 terrible two，也许人家孩子还以为你是 terrible thirty-three 呢！

不管是不是正在处于 terrible two 阶段的孩子，个人觉得带着孩子旅行不适合跟团，也不适合群游。每个孩子的生活和作息规律都不同，跟团旅行有太多限制，孩子的规律也很容易被打破和改变。尤其是这个时期的小朋友情绪很容易受外界影响，大人更是如此，“简单粗暴”的育儿方式很容易出现在如此的情况之下。我们虽然是成人，但是在众多人面前，当孩子发脾气或是情绪突变时，我们很多时候不能很好地控制自己的情绪，从而反加之给孩子。自驾倒是一种很理想的全家总动员的旅行方式，自主，随性，可以随时根据孩子的情况改变计划，没有太多的限制，小小兽也比较喜欢。小男孩最喜欢汽车和飞机，而且跟年初的新西兰自驾之行比较起来，小小兽越来越习惯如此的旅行，开始跟我们一起欣赏窗外的风景，一起享受自驾的过程，我们也不会受到太多外界的干扰，大人和孩子都比较放松，留给孩子的空间和自由很多。

旅行就应该自由自在，既然带宝宝出来就给他一个无拘无束的环境，向来对小小兽的限制不多。出来玩我也会准备得比较充分，多备一套换洗的衣服是必需的。而且旅行中安排了很多适合他的项目，几乎现在每次去旅行都会去当地很有特色的动物园、海洋馆、动物保护乐园，每一天都会有不同的快乐，他也越来越喜欢旅行，虽然目前他还不懂什么是旅行，但是每天都有爸爸妈妈陪着小小兽就特别开心了！也难得这样一家人在一起朝夕相伴，希望未来这样的美好会更多！

我想生命中有更多体验，但也许你们会告诉我这一切对孩子来说并无太多意义，不过只是我一厢情愿的想法而已，然而我觉得人生不是单纯的只活在当下，美好在于对过去的回忆，一并现在的经历，且有对未来的期许，拥有梦想的人才会有实现梦想的运气，梦想不分大小，我相信运气。

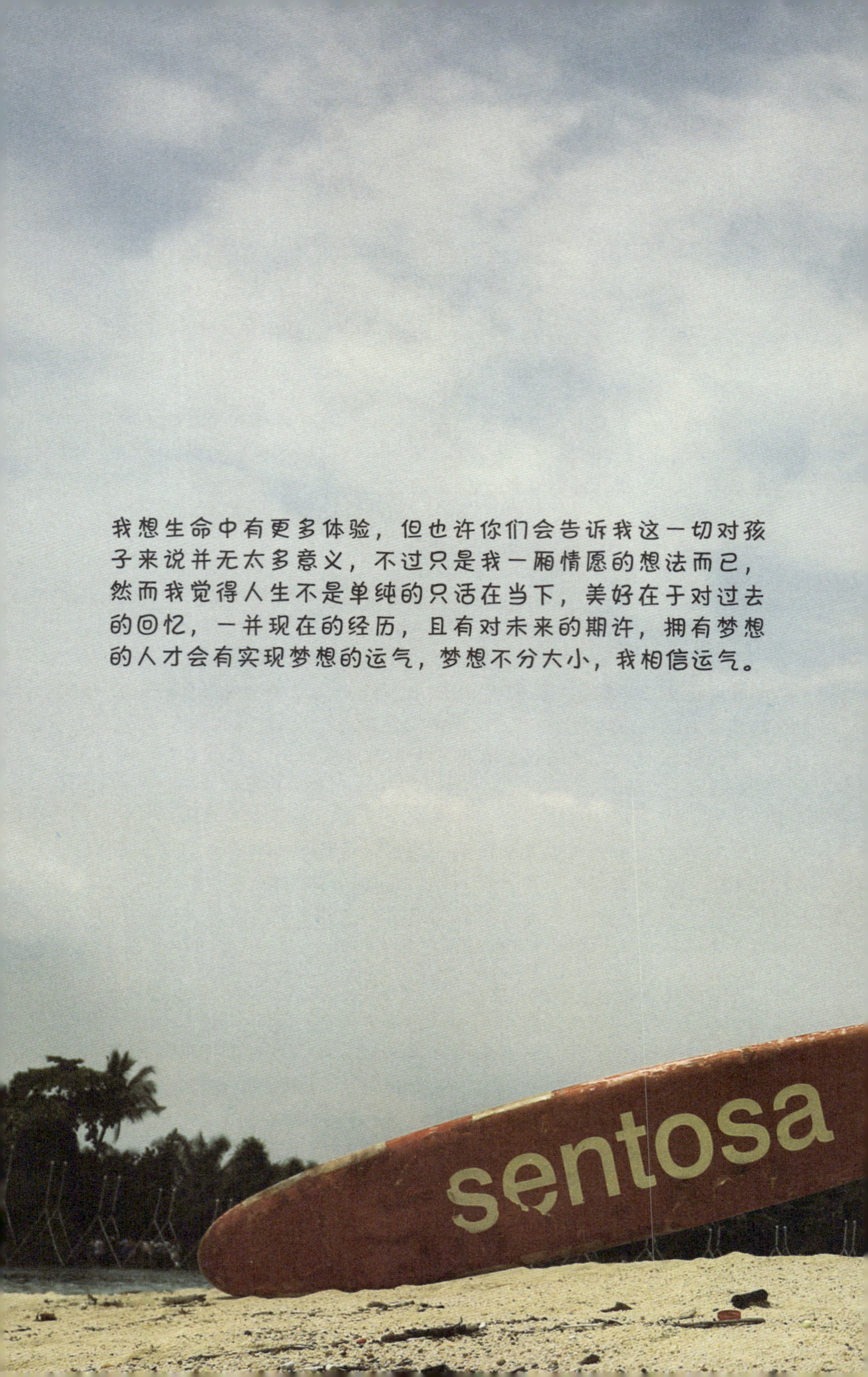

Part 9

遇见夏日里的圣诞老人

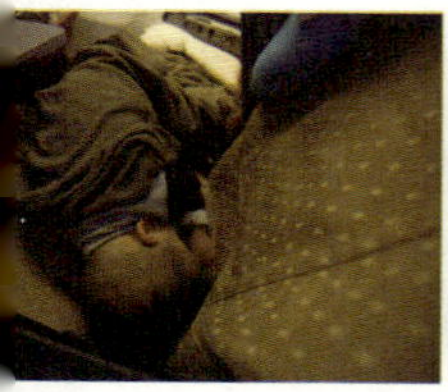

糖果屋奇幻梦
2014 年 12 月 21 日

热爱赋予情结的生活，既然现实太现实，不如自己往平淡中投一抹色彩，真正快乐的人生大多时候因为自娱自乐，好吧，不铺垫那么多借口了，今年最后一次旅行，圣诞节飞往新加坡，去偶遇夏天的圣诞老人，生活需要新奇，生活中同样不可或缺记忆，是记忆将现实丰满着，新奇又锦上添花，美好不过如此。

这次旅行完全是带小小兽来享受一个美好的圣诞假期，跑出来晒太阳总比窝在家里穿着棉袄幸福。12 月 21 日一早的航班，下午三点飞机准时到达新加坡樟宜机场，入境，安检，打车前往酒店，第一晚我们就住在圣淘沙岛上。但是半路上乌云密布，瞬间倾盆大雨，看来第一天的旅行就只能在飞机和酒店里度过了，说好要带小朋友去糖果屋的……不过带着小朋友旅行，尤其是独自一个人带着小小兽出门，旅行攻略我必然做得充足，尽量将突发事件的可能性降到零，安全起见，下雨天乖乖在酒店好了，却谁想办理完入住前往客房时候意外看到期待已久的糖果屋！

两岁以后的小朋友逐渐步入可怕的 terrible two 时期，小小兽大概是从我们今年夏天的青岛之行开始的，然后澳门，再然后澳洲，愈演愈烈，脾气秉性越来越难以捉摸，前一秒还兴高采烈地喊着糖果屋，后一秒开

始耍脾气说什么都不肯出门，好吧，那就留在房间，也不可以。就这样矛盾地哭喊着跟我一起前往糖果屋，一眼望见挂满大树的彩色糖果，眼泪还未干就破涕为笑，高兴得大喊一声“糖果”，甜蜜瞬时挂满流着泪的小脸，推着小车开始疯狂采购。我不愿意对小小兽过多限制，看着他的小手爱不释手地触摸着各色糖果，眼中充满祈求地想争得我的同意，我又怎么忍心拒绝，好吧，选择和自由都交付于你，我爱你那张比糖果还甜蜜的笑脸！

雨后的傍晚天气很舒服，我们就在酒店周围随处逛逛，环球影城、海洋馆，都在附近，从酒店走过去两分钟，毫不夸张。吃饭购物也非常方便，福廊应有尽有。宝宝现在大了，吃饭方便很多，不需要每餐我再单独给他做，不过旅行时我依旧带着我们的小煮锅，以备不时之需。陪着小宝在大广场上玩耍，地上很多积水，小朋友索性脱了鞋子奔跑起来，一边跑一边喊着“妈妈，太好玩了！妈妈，太好玩了！”那种发自心底的欢乐也是我最大的快乐！我爱你宝贝，妈妈愿意陪你去更多的地方，趁着你还愿意同妈妈一起旅行的时候，这是我的小秘密，更是我小小的私心，我悄悄地告诉你。

小小世界
2014 年 12 月 22 日

慵懒地爬起床，雨停了，天空是浅浅的蓝色，云朵也淡淡的。翻看了一眼天气预报，零散雷雨，好洋气的名词，不知如何零散，趁着天气好，赶忙开始我们这一天的行程。酒店有一道门连着福廊，福廊对面就是糖果屋，往左手边走是海洋馆，我们先往右，去星巴克买杯咖啡吃个早餐，然后去环球影城。带着娃娃旅行，早餐是每天第一重要的安排，照顾好小朋友的一日三餐，棒棒的身体是旅行的必须！每年冬天在国内最期待的就是圣诞咖啡，寒冷的冬日一杯温热的圣诞咖啡想想都觉得幸福，第一次感受到新加坡火热的圣诞氛围，冰曲奇圣诞拿铁！三十度的圣诞节确实让人惊艳，一边大汗淋漓地欢笑，一边酣畅淋漓地畅饮，从咖啡馆到环球影城才几步路，已经热得我满头汗，小小兽的头发更是湿透了，软软地贴在头皮上，但是丝毫不会打扰到他的好兴致。

四年前在新加坡的最后一日其实来过圣淘沙，但当时只是在沙滩上跑了跑，点了杯饮料，晒晒太阳就离开了，孤陋寡闻地以为环球影城就是个类似电影博物馆的地方，与其失之交臂，现在终于明白原来这是冥冥中注定的，环球影城、海洋馆，还有新加坡动物园都等待着这次我带着小小兽一起来！

环球影城，我太爱这个地方了，到处都是浓浓的圣诞氛围，和小宝拉着手一路欢快地跑进大门，童话房子、圣诞花环、卡通气球、电影人物，尤其是各种原比例的汽车模型、变形金刚，这些是不论多大男孩儿都会疯狂热爱的吧！急速过山车更让小小兽惊呼不已，可惜那么小的宝宝还不能亲自体验，身高不够，年纪更不够，不过单单是看着都让他觉得兴奋。举着冰激凌，拿着泡泡枪，乐坏了小家伙儿，从那阵阵欢笑声中我就知道他喜爱这个地方，午觉都不睡了，一直开心奔跑着。总是觉得小朋友身体里装着一个无限的马达，清晨开始启动，一直到夜晚睡着关闭，现在中午有时候都不停下来，老妈曾以精力无限著称，但是在小小兽面前甘拜下风。

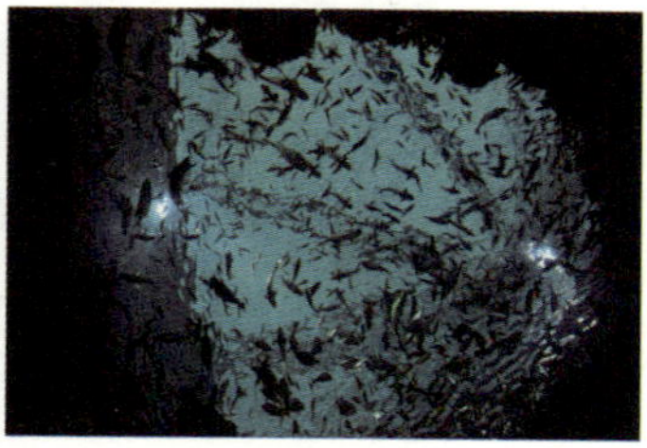

小朋友越大越爱撒娇，三十斤重的大娃娃让老妈抱着，想着坐在推车里小小兽兴许还能睡一会儿，但是眼睛都不眨一下，小马达依旧动力无限，看时间已经下午，那就去海洋馆看鱼吧！现在每次带小小兽去旅行，但凡动物园和海洋馆我们都不会错过，小朋友喜爱小动物，尤其喜欢看鱼，但是这一下午我们几乎只看了鲨鱼，SEA 海洋馆的鲨鱼群十分壮观，小小兽完全被吸引，看了一下午鲨鱼，更没了睡意！

这次新加坡之行一共六天五晚，带着小朋友出门，时间尽量安排得充裕，以前自己去过的地方，比如牛车水、东海岸、老巴刹等都不打算再去，纯粹为陪伴小小兽的旅行。但这次我们要换四个酒店，以前自己一个人带小小兽旅行夜里都不会出来的，但新加坡是个法律比较健全的国家，相对治安也很好，很想带着宝宝去滨海湾花园看夜景，也很想带着宝宝再去坐一次夜晚的摩天轮，所以每天住的酒店都离我们要去的地点比较近，即使是走路也可以到达，今晚，我们住金沙！

2010 年来新加坡时滨海湾金沙大酒店还在最后的施工阶段，如今金沙酒店已经成为新加坡著名的地标型建筑，尤其是金沙楼顶空中花园的无边泳池，不去体验一下基本上等于没来过新加坡吧，不知如此认为是否有些夸张，至少这是我们今晚要住到金沙的充分理由。泳池不对外，去屋顶的空中花园必须携带房卡。

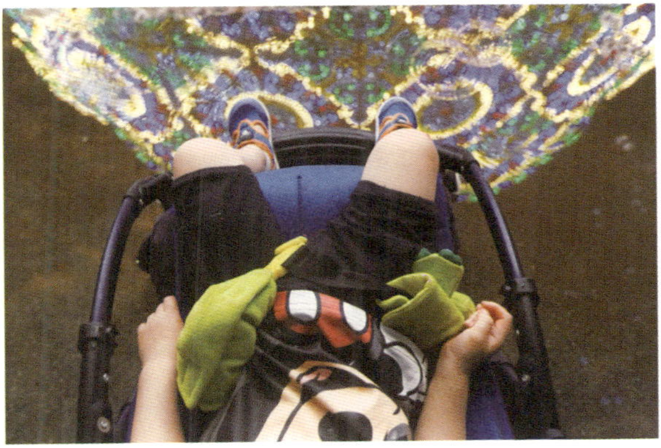

风景这边无限，像鸟儿跃上天空一般，现在我们是鱼，在空中游泳的鱼，俯瞰新加坡的城市景观，四年间新加坡的变化很大，小小的国家却无限包容，尤其是建筑，新加坡的建筑各异各样，富于特色，每一幢建筑都可以成为一处风景，尤其是滨海湾花园，这宛如仙境般的灯光花园，万盏彩灯犹如星星般耀眼，闪烁其间的竟然是缤纷的雪花，似实似梦，亦真亦幻，如果此时可以给我一对翅膀，我一定可以飞翔！

又见摩天轮
2014 年 12 月 23 日

游泳，逛街，坐摩天轮，今天的计划就这么简单。

和从前一个人旅行时一样，我很喜欢走路，喜欢用脚步丈量这座城市细微之处的美。现在带小小兽出来旅行我都带推车，很方便，可以挂重物，小朋友累了困了直接躺倒睡觉休息，我则推着他继续行走。大部分时候都挺美好的，偶尔会遇到小朋友撒娇硬要我抱着，一手抱娃，一手推车，狼狈不堪且满头大汗，旅行不仅仅只由那些美丽而温馨的画面构成，更不乏这些小插曲。

四年前来新加坡觉得讲华语的人不多，这次再来发现到处都可以讲华语，实在不用担心语言问题。话说四年前离开新加坡时候就暗下决心一定要学好英语，以后可以随意一个人走遍世界，四年过去了，去过的英语国家也有几个，但是自己的英文却依旧让人焦头烂额，“手语”倒是进步不少。

圣诞假日的乌节路绚丽缤纷，处处挂着彩灯，每家商场前都布置了各色各样的圣诞树和圣诞装饰，夜晚上灯的时候一定会更美，决定晚上看过夜景再离开。

小小兽这个年龄段又开始胆小害羞，每一次旅行的他都不同，平日在家的生活很琐碎，很难发现小朋友性格和脾气方面太过细微的变化，旅行中我们连续几个二十四小时形影不离，是个很好的发现孩子和了解孩子的过程。我希望他是个彬彬有礼的小男孩，但是也希望他是个胆大的小小男子汉，更多的是鼓励他，希望有一天他能够长成足够强壮的翅膀，至少可以将他自己很好的保护！

我始终认为每座城市都具双重性格，白昼的热情与张扬，喧嚣过后，夜晚则映出她的温柔。新加坡固然也有这温柔的一面，于四年前我已经感受过一次，如今带着小小兽再一次重温，小家伙儿也很开心，一会儿兴奋地指着高速路上飞奔的汽车，一会儿手舞足蹈地拍打着玻璃，他一定也爱这迷人的夜色，只是无从表达。拥有摩天轮的幸福国度，将我们温柔的揽入怀抱，让人怎能不爱。

寻一个饕餮的借口
2014 年 12 月 24 日

这是到新加坡的第四天，天空终于彻底放晴！大大的太阳，蓝蓝的天空，白白的云朵，这样的天气才是我心中的新加坡嘛！

告别五年，新加坡让我最留恋的必须是美食，当年从老巴刹一路吃到东海岸，辣椒螃蟹、黑胡椒螃蟹、海南鸡饭……但是一个人单独带孩子旅行不能每天如此饕餮，大部分时间我都会找小朋友可以吃的餐厅，今天午餐决定带小小兽去非常有名的复古新加坡路边摊，来慰借一下老妈

的“五脏庙”。

从酒店出发走十分钟路，就在摩天轮下面，其实最多也就二十几个摊位，不过十分有特色，20世纪50~60年代新加坡的感觉，浓浓的复古情结。新加坡当地美食应有尽有，贪婪地把当年喜欢的食物都点上桌，还不知何年何月能再来新加坡，别让自己遗憾，今天绝不谈减肥，想念，回忆，怀念，一切都可以充分成为饕餮的借口和理由！

前几日的阴凉一去不复返，新加坡恢复炎热盛夏。从离开酒店，到路

边摊吃午餐，之后又一路沿着新加坡河岸边推着小小兽到鱼尾狮公园，汗已从额头上滴下来。我们不赶时间，边走边玩，遇到冰激凌小摊就买一只，随意地坐在河边台阶上吃，并有冰椰子水可以免费喝，小小兽不爱那味道，倒是喜欢椰子冰激凌配上一种甜甜的红果酱。总觉得小朋友不怕热，更是不知疲累的，满头大汗的小小兽依旧在开心地奔跑着，顽皮着，这世界对他来说到处都是游乐场。他永远如此开心，对任何事物都保持高度热情，每天有问不完的问题，“妈妈，这是什么啊？”“妈妈，那个是什么？”别再问一个人带孩子旅行有什么意思？我的回答是，你没有一个时刻是无聊的！当然，你也几乎没有一个时刻是轻松的，但是我却越来越享受这样的旅行，大手牵小手一起在路上，彼此互相陪伴。

洒满阳光的回忆
2014年12月25日

今天要带着小小兽去新加坡动物园玩，而我的梦想就是可以亲自喂食长颈鹿！其实，若不是小小兽，我想我足有二十年没有去过动物园了，亲爱的小小兽为我逝去的童年开启了一个续篇，我带他环游世界，而他伴着我在梦想中畅游。

早就耳闻新加坡动物园是世界十大动物园之一。园区里面几乎没有栅栏、笼子，完全是利用热带森林与湖泊形成天然的屏障，动物们无忧无虑地在原始森林一样的美好环境中过着自由自在的生活。抬头就能看见高大的树上猩猩攀来爬去，低头看水里，鳄鱼也悠然自得，万一猩猩睡着了不小心掉到水里怎么办？不知是不是只有我想过这样莫名其妙的问题，好吧，我们这次专门为了长颈鹿而来。

我一向自诩自己还算是个比较仔细的妈妈，对于小小兽的一切都考虑得比较周到，但是今天犯了个大错误！我居然没有带上防蚊虫喷雾和防蚊贴，蚊虫叮咬膏也乖乖地在酒店的箱子里睡大觉。偌大的原始森林是蚊虫完美的栖息地，今天估计都吃得比较满意，才进园区不久我就被咬了无数包，看了看小小兽貌似还好，但依旧决定不停留太长时间，直奔长颈鹿生活的河边！还远远的就看到长颈鹿长长的脖子伸向游客，正好是午餐时间，赶得太巧，买到最后一盒胡萝卜。小小兽好奇地想往前靠近，怯生生地举着一根胡萝卜，又紧张地缩回小手，这样一个庞然大物在眼前害怕也是理所当然的。但最终小家伙鼓起勇气和我一起喂食，都能感觉到长颈鹿有力的大舌头一卷，就将食物从我们手中卷走，小小兽迅速地把手再次缩回，然后又特别兴奋地略带着骄傲的语气告诉我“妈妈，我喂它吃胡萝卜了！”不管怎样，宝贝你都是妈妈心中最勇敢最勇敢的小英雄！陪我走天下！陪我一起实现梦想！没有人比你更勇敢！

的确太喜欢新加坡这个国家了，国土面积虽小，但是包罗万象，去到各处都方便，半小时从动物园到酒店，又半小时从酒店再回圣淘沙。之所以再来圣淘沙是因为我有个小小的心愿还没有完结，当年一个人在圣淘沙拍过一张很经典的照片，蓝天、白云、大海、沙滩、冲浪板，还有美美的我在沙滩上奔跑。如今带着小小兽再来新加坡很想去看一看当时那块冲浪板是否还在，我记得冲浪板是红色的，上面写着“sentosa”。

三十度的圣诞节，阳光、沙滩、比基尼，沙滩上、酒吧里、大海边，甚至是游泳池里，随处可见红色的圣诞帽，我和小小兽也提前准备了圣诞帽子和小鹿角。我喜欢入乡随俗，陌生的城市，没有人会在意你怎样，自己更不要太刻板自己的行为，合法合规的疯狂的旅行，享受其中的是自己。“你让别人愉快的程度往往决定着你人生的高度。”愉悦别人的前提首先是先愉悦自己，让自己快乐！沙滩上突然想起美妙的圣诞歌曲，大家都欢快地随之舞动起来。天啊！我们真的遇见了圣诞老人，雪白的胡子、胖胖的身体，他正向我们走过来，小小兽也看呆了，好奇而惊讶地问我：“妈妈，那是圣诞老人吗？”

难舍小印度
2014 年 12 月 26 日

四年前来新加坡第一站就是小印度，那些回忆细数起来仿佛就发生在昨天。遇到算命大叔玩命逃跑，用超烂的英语砍价买衣服，尝试和当地人一起吃手抓饭，小印度浓烈的花香，小印度浓浓的咖喱味，一如往日般熟悉，最爱的依然是小印度色彩斑斓的建筑。我没有到过印度，但单单是新加坡小印度的建筑就足以吸引我，让我有了无限的憧憬，有朝一日定会到达，酣畅淋漓地享受一场视觉的盛宴，也许还有更多精神和身体的体验。旅行从来都找不到终结，在路上总有更多发现，总有更多向往的地方，脚步，停不下来。

淋着小雨的街道湿漉漉的，小小兽不想下来自己溜达，就坐在小车上被我推着逛着，许是他还没有长到可以陪着妈妈一起欣赏街景建筑的年纪，这些还不足以唤起他的新奇。好吧，口口声声说这一次是陪伴宝贝的旅行，但是妈妈偶尔有些私心，就让我在新加坡停留的最后几个小时任性地跟随自己的脚步，走走停停，看新奇的建筑，抱一只大椰子在路边发呆。小小兽早已习惯老妈的旅行方式，更习惯我的自拍，那淡定自若的小神情，十足小小的旅行家，世界在他眼中还没有定义，老妈带你看世界，而他，只要快乐就足够！

两岁五个月的小小兽脾气让人捉摸不透，乖的时候就像个小天使，不乖的时候是十足的小恶魔，软硬不吃。我曾经真的下定决心要做个慈祥的妈妈，自打怀上小小兽就是各种育儿养儿书籍不停看，不停学习，书中所涉及的内容，尤其是针对如此让人头疼的处于 terrible two 的男孩子，写出来总是如“泄气”一般容易，但是现实中面对的却比“便秘”还难搞。总觉得孩子越大反而越难带出来，两个人的旅行，每分每秒面面相对，现在常常遇到的局面就是老妈的“terrible 33”对战小朋友的“terrible 2”！我们的关系越来越像朋友一般，不完全再是妈妈对于宝宝的娇纵，有吵闹，有欢笑，有我们相互的小脾气。这感觉很微妙，也让人偶尔哭笑不得，但我已经习惯这样的旅行，从最初那个只能在妈妈怀抱中好奇张望的宝宝，到现在自己拉着小行李箱到处奔跑的小男孩儿，一步一步的成长妈妈都尽收眼底，也感动于心。在此我更想对小小兽说一句：谢谢你带给我的美好，更谢谢这一路你带给妈妈的欢笑一并小苦恼，谢谢旅途中的陪伴！

新加坡再一次给我满满的回忆填涂上美好而灿烂的一笔，也许不久的将来我会找到更好的借口再次飞来这美好的国度，又或许只是为了吃一口正宗的黑胡椒螃蟹，也或许是想念圣淘沙的阳光……或许有太多或许，新加坡，再会。

兽妈说

小小兽特别喜欢坐飞机，天天喊着让我带他去坐直升飞机，子非鱼安知鱼之乐？不要总说三岁以前的孩子什么都不知道，什么都不懂，什么都记不住，这也是我们强加于孩子的限定，就算是三十岁不接触、不体验、不尝试，也什么都不知道，依旧什么都不懂。蒙特梭利的概念，孩子的灵魂在他（她）还是胎儿时，在母体成形的那一瞬间就已经形成和存在，即所谓的“精神胚胎”。我们总以为孩子们很弱小，你又真的了解孩子吗？每个宝宝的内在都蕴含着强大的精神力量和潜能，作为家长我们所给予的最好的教育就是为宝宝创造一个发展的环境和条件，不能固守。带孩子旅行也像养育、教育孩子一样，新世纪的妈妈们要跟上时代的进步，不能总偏信着老一辈的育儿理念，但我想说的也不是完全背离，再简单不过的道理，如小马过河一样，要自己懂得思考、学习，在育儿的道路上我们永远是学生，只有不断探索才能够跟上孩子成长的脚步。

记得第一次带小小兽去旅行的时候他还只能坐在推车里吱呀乱动，外面的世界很精彩，小小兽眼睛几乎滴溜溜地转不停看不过来。如今的小小兽俨然已经是个小大人，还能帮我拿行李，也幸亏有他，几次实在搬不动行李的时候他都能帮忙。光着小脚丫，拉着自己的小箱子就跑颠颠地上飞机，这是我幻想了好几年的画面，转眼间成为现实。如果再问我旅行的意义是什么？那就是带着我的小小兽一起看世界，如果爸爸每一次都能同行就更完美了！

有时候和朋友聊起旅行总听到这样说，为什么国外的孩子坐飞机就能那么老实，为什么中国的孩子总是哭闹一路？我想可能是因为旅行对于国外的孩子来说就是一件再普通不过的事情，根本也不会太当作一件事情去看待，爸爸妈妈去旅行自然带上孩子一起，无需置疑。在国外旅行时最常看到的画面就是爸爸妈妈拖家带口的度假，恨不得老大自己拎着行李走着，老二推车里坐着，怀里抱着老三，肚子里还怀着老四。

不过在国内带孩子去旅行，尤其是带这么小的孩子，反对的声音更多，太折腾孩子，孩子太累，孩子不适应，等等。其实这一切都是可以避免的，在旅行中亦然如此，在于家长的如何安排。如果你连自己都照顾不好，或者是平日的生活中不能依靠个人能力照顾好孩子，不具备一个人单独带孩子出门的经验和能力，那我的确不提倡单独带着孩子去旅行，因为在任何时候，安全第一，在外面手忙脚乱的肯定不能考虑周全，所以刚开始带孩子出去旅行还是全家一起最佳，彼此可以照应。

这个时期的小小兽调皮加倍，倔强和固执都加倍，但是觉得较之前几个月稍微“可控”一些。他能感知的事物更多，理解能力也越强，这么小的孩子还不能控制自己的情绪，自然也有爆发的时候，但是能冷静下来，我说给他的能听进去，大部分时候都很配合。旅行也是个让我更亲近更了解小小兽的过程，我们每天形影不离，这样的感觉很美好，虽然偶尔伴随着头痛，但这样的亲子时光其实没有几年，转眼间孩子就大了，那时候再带他去旅行和现在的感觉会完全不同。更大一些，他成为一个真正的小男子汉，会更有自己的想法，就不愿再和老妈单独出来了，未来的也许和不确定有很多，我只想珍惜现在和他在一起的每一分每一秒的快乐和幸福，让成长在路上。

三岁之前的最后一次旅行，我也说不清楚自己究竟喜欢带着小小兽哪个年龄阶段的行走，一切就顺其自然地慢慢陪伴他长大。我不知道这三年中小朋友在旅途中学到什么，感悟到什么，初衷不是如此，我也从不关心，我只在乎我的小小兽每一天是不是都快快乐乐的，他所经历的是怎样一个童年，丰富多彩，无忧无虑，充满童真，就这样，足矣。

Part 10

5月1日到期的凤梨罐头

凤梨罐头
2015 年 4 月 13 日

距离上一次旅行已经小半年过去，我那颗蠢蠢欲动的心啊又怎能平静，那天恰在超市进口水果区看到凤梨特别绵软香甜，一看价格却高不可攀，好吧，就任性一次，我们到台湾吃凤梨去。

有时候一部电影、一句台词、一首歌，都能成为一段旅行的契机，不过仿佛我自己早已过了那个凭吊着一段感伤游走的年纪，我向来也喜欢积极的生活，喜欢就争取，切实地梦想。只是有些时候仍会猝不及防地被某一句旁白击中内心，我想也是因为生活被填得很满才没有太多的缝隙投进柔软。旅行正好让内心空出这样一片位置，让悲伤与柔情都来得更猛烈些吧。当然带着小小兽的旅行当然快乐和幸福才是主旋律，这个小魔王的叛逆又进一步升级，与娃斗，其乐无穷，尤其在旅行中。

翻出台湾通行证居然发现签注时间已经过期，每一次签注的有效期只有三个月，不过办理签注很方便，上午提交，下午即可拿到。但是办理入台证大概要提前一个月，因为每个月入台人数是有限制的，算算时间，正好 4 月中旬出发，赶 5 月 1 日回来，5 月 1 日我们的入台证“过期”。去台湾地区，入台证与台湾通行证缺一不可，到台湾后无论入住酒店，还是购物退税都要出示入台证。

这次旅行不单单只有我和小小兽两个人，我的闺蜜乐乐也同我们一起去，射手座与处女座的碰撞。事先就和乐乐商量好，万一在路上我们产生争执那就分开旅行，大家平和了再一起继续行走，回来以后冷战不可以超过一个月。听起来形势颇为严峻。旅行是把一个人个性与缺点都充分暴露与放大的过程，希望经历半月的旅行之后我们还能是最亲密的朋友。

出发的日子在即，才拖拖踏踏整理好行李，依旧是爸爸送我们去机场。老刘说感觉小小兽越大就越来越舍不得让他离开身边，每天回到家已经习惯有这样一个叫嚣的小魔王前前后后围绕，尽管调皮，尽管叛逆，都已经成为我们生活中再也不可缺失的习惯。

北京、台北，时间和空间转瞬切换，全新的旅行又一次踏上征途。

也见淡水河边
2014年4月14日

第一次入台最多停留15日，从到达后第二天算起，不过我们仍选择下午的航班，入住的酒店就在台北101旁边，步行至诚品书店和新光三越都相当方便。台北之行我们预留了四天时间，现在看来在台北停留一周都不会觉得无聊。到达时在机场租了随行wifi，又购买了悠游卡，台北捷运四通八达，一张悠游卡游遍台北，而且捷运设施很完备，带着宝宝也不会不方便，台湾很适合带着娃娃去旅行。

第二天一早不慌不忙地在诚品书店闲逛，诚品书店其实不单单只售卖图书，经营模式比较多维，包罗万象。很是喜欢台湾这种“读书”氛围，大街小巷书店比比皆是，让人静静地驻足，远离喧嚣与嘈杂。四月的气候很舒适，不凉不热，城市节奏又不慌不忙，遇着的每一个人都十分友善和客气，语气温和，心情如天气一般无时无刻不清新舒爽。

“热闹的烟火还没上演……独自呆坐在岸边，听熙来攘往的笑声蔓延……”知道淡水还是因戴佩妮这首柔美的歌曲《淡水河边》。站在淡水捷运站台一眼就望见淡水河，一种治愈的美好，让人瞬间平复了心情。漫步在淡水老街，琳琅丰富的街面，熙熙攘攘的交通，很像是一部老电影中的画面，却又想不出具体是哪一部，也许这温存的图画曾经定格在太多部过往的电影场景中，熟悉的陌生感，故事永远也讲不完。

从黄昏到日落第一次如此清晰地遇见，我们在淡水河边玩耍，陪着我的小朋友吹泡泡。肥皂泡泡在风中飞舞着，我们也随之奔跑，每一个泡泡都像是一个小小的世界，整个淡水都可以在每一个泡泡中遇见。方才还明亮得呈现着蓝蓝的天空，渐渐地就变成一个个金色的精灵飞向远方，一刹那又被夕阳染成鲜艳的橘红色，闪着光晕，眼神再转向淡水河，整个水面已经完全被落日的余晖吞噬，天与水面之间的界限变得模糊，只见得一轮红日跳跃在天边。丝毫不敢眨眼睛，才几分钟时间，完满的圆逐渐成为半圆，瞬间就完全消失在眼前，差点激动地击掌，仿佛看到一场精彩的演出完美谢幕。淡水之行也的确到了该谢幕的时候，只是这鲜活的画面会久久停驻在我的脑海中，同心情一起定格，永远闪着光芒。

温泉乡的温柔
2014 年 4 月 15 日

昨夜从淡水直接坐捷运到达新北投，酒店离捷运车站不远，走路不到十分钟就可到达。这是完全的日式酒店，更多新鲜体验，除去温泉房每一个房间都是榻榻米，小朋友很兴奋，可以随意地跑他的小汽车。

新的一天，阳光透过窗隙照进房间，酣眠整晚。榻榻米住得还很舒服，也不用担心小朋友掉下床，只是唯一要做的就是在黑暗中满屋抓小朋友。小小兽从小跟我出来旅行没有认床的习惯，白天玩得开心，晚上睡得香甜，我家小马达自我适应能力极强，就是睡觉不老实，一晚上逮了好几次，四仰八叉地在房间各个角落。

早餐后乐乐独自去泡裸汤温泉，酒店规定无论多大的宝宝都要和同性家属一起才能进入，于是和小小兽只好回房间享受私人温泉。据说新北投还有很多大众的露天温泉，如果有机会再来台湾，台北这一站我必定要多住几日，一定还要来新北投泡温泉，也一定要尝试一下露天温泉，生活中就是要有不同体验，生命才会有更多色彩。

中午吃过饭我们返回台北市区，捷运直接搭乘到西门町车站，因为今天的其他活动都在西门町附近，酒店也订在这里，出捷运站走几步路就能到达，带着孩子旅行一切都求最便捷。

西门町是台北西区最重要的消费商圈，因位于台北城的西门外，因此得名。著名的西门红楼就在西门町，从酒店出发过一条马路就看到。西门町较之台北信义商圈嘈杂许多，却更具味道，万年商业大楼也落座其间，在街头闲逛，有种历史穿越的感觉。为了台北西门町这一站我还特意带来旗袍，就让我也安安静静身着古装做一枚素雅的女子，在历史与现代的交汇中恍惚穿越一回。

遗落的九份的咖啡店
2014 年 4 月 16 日

几年前，那时候还没有小小兽，我也算是个文艺女青年，旅行中塞着耳机，放一首恰如其景的音乐，情绪陷在某一种波段，每一处行走都有着只可意欲不可言传的腔调。那时候就很喜欢陈绮贞的音乐，从《旅行的意义》到《九份的咖啡店》，来台湾，其实很想去九份，乐乐也是。

四天的台北之行当时真的觉得足够了，谁想到时间匆匆而过，呆得越久就有越多想去的地方，乐乐也在犹豫到底要不要去九份。带着孩子和独自一个人肯定会有很多时间方面的不协调，之前就和乐乐商量过，大体行程我们一起，其间细节临时考虑，最终决定台北第三日我们分开旅行，乐乐独自去九份，我带着小小兽去台北动物园，然后去猫空山坐缆车。遗落的九份，给我一个再来台湾的理由。

一早出发，今天的台北突然热起来，仿佛一夜之间进入盛夏。还好给小小兽带足了一年四季的衣服，因为这次台湾之行我们要环岛十六天。前两天台北还需要穿绒衣，今天足有三十度，这温度的切换模式着实让人措手不及。到台北动物园后第一件事情就是给小朋友租了一部推车，实在太热，小小兽又爱出汗，大太阳下估计跑不了多久就得中暑，早知道我们推自己的车出来。动物园的推车使用起来不顺手，园里又太多坡路，想独自带着孩子出来旅行其实真不难，但是首要条件就是妈妈们要有足够的体力和精力！

动物园几乎是现在每一次带小小兽出来旅行都要到达的地方，上一次是去新加坡动物园喂长颈鹿，再往前一次是在布里斯班的考拉保护区喂袋鼠、抱考拉。说起这些好像都是老妈更开心，真的是打着小小兽的幌子我又重温了一遍童年的美好。这次小小兽比哪一次都在状态，他认识了更多的动物，兴奋点也就多起来，从一个胆小的小朋友俨然已经变成了好奇宝宝，还会不停地给我解说："妈妈，大象在跳舞。1，2，两只大象在跳舞！快看啊！"看着他一步步的成长，喜悦在心头，我真是越来越喜欢和小小兽一起去旅行，那种快乐只有和孩子一起在路上才可以拥有和体会的。

从动物园到猫空山缆车需要走一段路，小小兽是个不娇气的小男孩，轻易不会要求我抱，大手拉小手跟我一起走路。猫空缆车坐到山顶大概需要三十分钟，望着窗外绿意浓浓的一片，小小兽突然指着远处的窗外告诉我："妈妈，塔！"原来是台北 101 塔。之前和他说过一次，小家伙

就记住了，很让我惊喜。三十分钟过去很快，猫空山顶的空气格外新鲜，游客络绎不绝。如此一处世外桃源，茶楼、冰激凌店、咖啡馆沿着路两边修建。其实猫空是个最适合喝茶的地方，刚刚我们所见绿意浓浓的一片都是茶园。据说猫空原本是个小溪谷，因为质地松软，在常年的冲击下，河床被卵石磨出椭圆形和圆形的孔洞，水流很像猫爪的痕迹，“猫空（孔）”之名就慢慢流传开了。猫空山的茶楼足有五六十家，连刚刚小小兽吃的冰激凌都是茶的味道，小家伙居然“爱不释口”。

半山腰找了一间室外露天的咖啡馆休息，眼前风景无限，地上铺满小石子。这也是我们之所以在此停留的理由，点一杯热拿铁和一杯热可可，我们一直待到日落。

咖啡在变凉之前已经喝完，小小兽也有了倦意，太阳西下，天色渐渐暗淡，又一点点地被点亮，夜晚延续着白日的美好，更美。小朋友在返回酒店途中就睡着了，抱在怀里睡得香甜，我的小宝宝我几乎已经抱不动了，我也不敢想象我还能抱他在怀里多久，唯有珍惜他在我怀里的每一分每一秒。

在雨中飘摇的花莲
2014 年 4 月 19 日

我再次确认时间的确被女巫施了魔法，转不停，仿佛昨日方才到达花莲，这一晃我们已经在花莲去往垦丁的火车上。此时此刻，我们的旅行也已过半，十五天的旅行回想起来很长，却又像在转眼间。每一站的停留不愿过于匆忙，但每一处美好像矿藏一般越挖越深，细品细节，却越品不够，无论是自然风光，抑或是人文美好，每一次都充满向往地到达，每一次又都依依不舍地离别，却不知何年还有这般幸运可以再见这风光无限。

花莲，仅仅是名字已经美得让人浮想联翩。乡间，稻田，耕种，穿着碎花小裙，顶着布满花朵的草帽，骑一部脚踏车，载着我的小朋友，四处惬意地游逛，如果忽略大大的太阳和摸不着看不到的蚊虫肆意叮咬的话，余下的全部都是美好。花莲的晴天和雨天恰好都被我们遇到，不过并不会耽搁我们的行程。每个人眼中都有一个花莲，有人喜欢太鲁阁的冒险，有人爱上清水断崖的风浪，也有人喜爱七星潭的卵石沙滩。而对于我，单单是住住花莲的民宿，院子里的小情小景已然太美，小小兽尤其喜欢，精致的小院落里几乎包括了小小兽所有的喜好，可以玩水，可以喂鱼，四处乱跑，可以扔小石子，还有一只可爱温顺的小狗趴在院子里慵懒地晒着太阳。我呢，就坐在屋檐下悠闲地喝咖啡，听听歌，看我的小朋友在院子里开心地玩耍，我享受这份难得的恬淡的安逸，小小兽则沉浸在他自己的小小世界，无忧无虑，烂漫欢笑。

三岁后的小朋友就要上幼儿园了，这样和老妈一起说走就走的旅行机会越来越少，我越来越舍不得我们彼此之间这种相互陪伴的亲密关系，孩子在任何方面的适应能力都比我们想象中强大，更比我们这些成人“游刃有余”，或许未来更多担心更多失落的是我这个妈妈，唯有珍惜，珍惜我们在一起的每时每刻。

花莲的民宿是朋友推荐给我的，绿舍。老板是个很热心的中年男人，和小小兽的爸爸同一年出生，家里有两个可爱的宝宝。绿舍处处充满着爱与生机，老板每一处都很用心，常有朋友这样问我：“花莲好玩吗？”其实我现在根本描述不出“好玩”是怎样一层含义，何谓好玩，只是单单和小小兽在这样的小院子里住上三两天都会觉得特别开心，特别幸福。一直梦想着自己有个这样的小院子，我忙碌着家务，小朋友就可以在院子里“撒野”，像我们小时候那样。其实想想现在的孩子没有我们小时候幸福，虽然他们拥有更多的玩具，还有很多漂亮的衣服，但是少了自由，过分被宠爱，被呵护。在平日的生活中我尽量奉承“散养”的教育观，在一定原则的前提下，对小小兽的行为不做过多限制，但是让孩子放肆撒野的地方却少之

又少。我愿意带他出来，一方面我的旅行也越来越离不开小朋友，另一方面小小兽也慢慢地越来越享受旅行，有了更多他自己的喜好。现在小朋友常常拿出一张图片指给我，画面是辽阔的大海：“妈妈，我们去这儿吧！”

在绿舍悠闲地住了两晚，最后一日的花莲我们搬去另一个临海的庄园。绿舍老板亲自送我们过去。花莲的海特别美，从踏进庄园的那一刻我们就没有离开。面朝大海的生活，精致的下午茶，无边泳池，从房间的平台走出去也能直接到达海边。现在每次带着小小兽去旅行，酒店也会成为我们旅途中一个必要“景点”。以前自己去旅行，酒店只不过是休息住宿的一个场所，安全、干净就足够。带着孩子出游，酒店的便捷

和设施也成为必须，相对多的时间我们都会在酒店度过，“旅居”，“旅”与“居”在我们的旅行中相得益彰。

还是要说再见了，依依不舍地告别，其实心里却也明白，每一处美好也许只是匆匆一面，世界很大，这一辈子都看不完，有过这样一份亲身的体验已经足以美好，未来是否还会再见，看缘分吧。

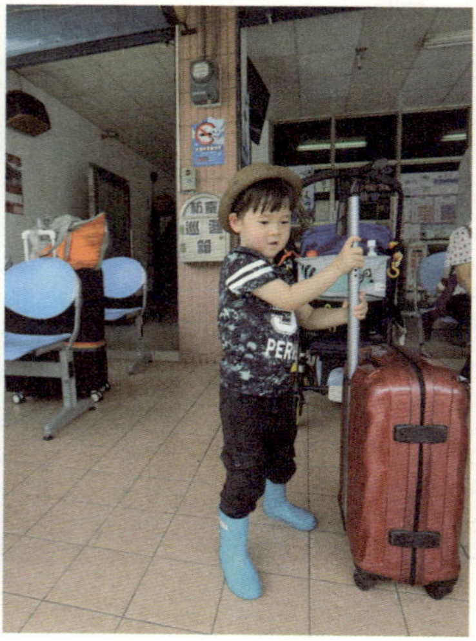

属于我们的海角七号
2014 年 4 月 20 日

花莲到垦丁，我们先要坐台铁到达枋寮车站，再从枋寮乘坐大巴前往垦丁，大概四五个小时的路程。中午的车票买不到，只好一早八点就从花莲出发，一切都很顺利。

大概上午九点四十分左右，手机频繁响起，很多朋友发信息询问我们是否安全，查看了一下新闻，才得知就在我们刚刚离开花莲差不多一个小时的时候，花莲地震了。花莲县附近海域北纬 24.0 度，东经 122.5 度发生 6.4 级地震，震源深度 7 公里。当时我们在火车上没有任何感觉，但实话实说，我有些害怕，这些数值其实我根本不太了解，从没经历过地震，我没有任何概念，但是我带着小小兽出来，他和我在一起，我不想他受到任何的伤害。我不停地搜索相关新闻，直到得到确认的消息一切平安

才渐渐平静下心情。突然觉得自己很幸运，即使没什么大碍，但我后怕不已。这种害怕全因于我对小小兽的愧疚，是我带他出来旅行，却遇到地震，想想都难受，感恩一切。当妈妈之后其实对于孩子根本没有任何要求和奢求，我只求我的小小兽可以健康平安一生。

终于到达垦丁，预订的酒店很理想，有自己的私人沙滩，环境不嘈杂，步行到垦丁大街也不算远，每个房间都有个小平台，走出去就是沙滩、大海。我们的平台外面恰好有一处树荫，还未等我放下行李，小朋友早已投入到这片属于他的小天地，的确是有大海和沙滩的地方才最适合带着小朋友去旅行，我也比较轻松。

奔波了一天，晚上只逛了逛垦丁大街的夜市，找了家台湾本地菜馆吃晚饭，在垦丁的第一天也就如此度过了。其余的时间就陪着小小兽挖沙子、看大海，乐乐独自一人继续去游逛，这样的旅行我们都爱，悠闲、舒适，有爱。

最南端的风景
2014 年 4 月 22 日

第二日的阳光照常升起，在垦丁的每一天都是艳阳四射，但我们又幸运地赶上雨水，让气温更为舒适，不再一味的灼热。昨日上午到海生馆玩耍，这已经成为了我和小小兽一起去旅行的一个“必备项目”。

从海生馆出来就开始下雨。司机师傅说垦丁很久没有下过雨了，难得让我们遇见。回酒店睡个午觉，下午也没有别的安排，在海边的一切只与挖沙子有关。小孩子的世界简单而美好，在我们看来如此单调的事情却可以让他快乐每一天，或许他们的世界比我们都丰满，是我们看不懂他们，不要小看孩子。

垦丁的最后一日我们打算去鹅銮鼻公园，乐乐骑摩托车，我和小朋友坐巴士，到鹅銮鼻再汇合。垦丁是台湾地区的最南端，鹅銮鼻又是垦丁的最南端，拥有百余年历史的鹅銮鼻灯塔就坐落其间。公园大概有五十多公顷，不知是什么原因，很多通往海边的栈道都被封住了，园内的步道纵横交错，迷宫一样，和小小兽一边找路一边前行。这个小男孩儿真的让我刮目相看了，我们一路走到沧海亭，之后又从沧海亭回到最初的入口处，全部路程都是小朋友独立完成，从不要求我抱，我隐约看到他日渐丰满的翅膀，像个小男子汉一样，是爸爸妈妈的小骄傲！

今天垦丁的海特别美，蓝得不像话，天空也是如此，面对这样的美好做任何事情都觉得多余，就望着大海发呆好了，最完美不过。乐乐骑着小机车独行垦丁，而余下的时间我就陪我的小小兽挖沙子，有这样一个小宝贝在身边哪怕是做最简单的事情都不会觉得枯燥和无聊。让时间过得慢一些再慢一些，让我们停驻在这个时刻，沉浸在绵延的大海中，有着薄荷青草味道的天空下。

牧羊舞曲
2014 年 4 月 25 日

“性情中人容易因为一些小事动容，容易感动的人才幸福，时时刻刻都有细节，让他们觉得自己是幸福的人”

——吉米•哈利《万物有灵且美》

想必我和乐乐都是性情中人，乐乐很了解我自诩的精神洁癖，但对于我更多的是包容，甚至这份包容远远超于朋友的范畴。相似的生活经历，又是相似的性格，独立且个性，我常常被这个处女座称为比处女还处女的射座。是的，我们同样很相信星座，但我们更相信缘分，一场女人与女人之间的缘分，也许比起女人与男人之间的情感来得更热烈。

每一天的快乐还没来得及记录成文字，新的一天的快乐就扑面而来，应接不暇地只是享受眼前的美好时间刚刚好，不多不少。

之所以把清境农场的行程直接安排在垦丁之后，是因为我们想预订的老英格兰庄园恰好只有这两天有空房。以前自己去旅行多半住快捷酒店或者当地特色民居。我总说我是沾了小小兽的光，现在每次旅行对酒店也有所要求，有些地方也许这辈子就只来这一次，我不想错过任何美好。

垦丁，高雄，台中，南投，铺里，清境，这是一天之内所要经过和到达的地方，但是却远远比我想象得方便太多。早上七点半预约的车子来酒店接我们一路从垦丁开往高雄左营。北上的行程高铁相当快捷，高雄到台中 40 分钟左右，9 点 54 分出发，10 点 36 分到达，寄存了大件行李，火车站一层 5、6 出口就是客运长途车站，南投客运 12 点 45 分正好有一班从台中直达清境农场的大巴车。铺里往清境这一段路很艰难，几乎全是盘山公路，道路很窄，幸好小朋友安安静静地被我绑在身上睡着了，不吵不闹，待他醒来我们也顺利到达，完美无缝隙的衔接。

眼前这一切让我们着实惊艳了，预订的酒店大体知道一二，但却没有想到会是如此壮观，俨然一座庞大的十三四世纪的古堡！那种木地板踩上去都会咯吱作响的节奏，花园、雕塑、喷水池，房间里更是吊灯、壁炉、古朴的欧式家具一样都不少。在古堡里入住两个晚上，更是体验了两种

不同的房型，酒店的房间是以音乐的幻想曲、浪漫曲、牧歌、颂歌进行分类，浪漫曲比牧歌更奢华。每个房间都有一部顶级音响，在酒店大堂能借到从流行歌曲到世界名曲的各种CD，音乐响起，我和乐乐瞬间都陶醉了。那样的氛围不禁让我们促膝谈心，开一瓶红酒喝到双颊绯红，脱了鞋光着脚丫在房间舞蹈，幻想着我们就是这座城堡里的公主。旅行要有这样的时刻，就像是一首乐章奏起的高潮节拍，耳熟能详的老歌，让人听着不禁眼眶泛红。我们在茫茫人海中相遇并成为闺蜜，共同拥有这样一场完美的旅行，这将会是我们彼此之间必须珍惜一辈子的情谊，一并这美好的回忆。

小小兽呢？才踏入城堡，小朋友就第一时间找到了令他兴奋和雀跃的新玩具，酒店里到处都是复古的汽车模型，大堂里，走道里，房间里，无处不在。在清境这三天我想我们就只在酒店都会不亦乐乎，乐乐已经连续两晚都跑去宴会厅听音乐会了，古堡里的每一处都令人着迷。

既然到清境了，青青草原还是要去的，在来的时候就已经答应要带小小兽去牧场喂小羊羔。清境的空气太清新，气温也让人觉得舒服，满山奔跑的小羊羔一点也不怕人，购买专门的饲料就可以随意地喂小羊，它们也会毫不客气主动上前索要食物。个头比小小兽还大的羊羔让这小家伙着实紧张，不断地用手把靠近的羊羔的脸推开，特委屈地说“我没有了，我妈妈有……”蓝天白云下，青山遍野间只听见阵阵欢笑声，这才是孩子无邪的童年，不做温室中娇弱的花朵，偶尔也要撒撒野。

虚幻的肥皂泡
2014年4月26日

清境第三天，一早我们决定去小瑞士花园逛逛，这里很适合带着小朋友来。一切都布置得格外精致，修剪整齐的植物和缤纷多彩的花朵，更有一条小河弯弯流淌，很多鸭子和鸽子在岸边溜达，等着小朋友投去食物喂它们，阳光和煦温暖。这里确实没有其他更多景物，简简单单地已经完全被快乐填满。

自小听闻台湾就知道日月潭，尽管来过的朋友三番劝说台湾之行可以将日月潭这一站舍去，但依旧固执地想亲眼目睹一番她的模样，于是从小瑞士花园回来我们就直奔日月潭。

说实话第一眼望到日月潭确实失望不小，我所想象的她的模样应该是绿意浓浓且幽深充满神秘，依稀见得几个人。但实际上完全相反，除去嘈杂便是喧嚣，到处皆是人满为患，让我很想逃离。唯一的快乐时光是在码头边的广场上，有个杂耍的小丑，他手里拿着一根系了很多圆圈的绳子，把绳子放在肥皂水中，然后举在空中，风吹得肥皂泡飞满整个广场。快乐的孩子们疯狂地追逐着肥皂泡，小小兽也在其中。有些泡泡飞远了，有些飞得很高，有些很快就破灭了，只想淡淡地说，日月潭，我曾来过。

终点站
2014 年 4 月 28 日

再次回到台中，十六天环岛行最后一站，落幕台中。

之前买的南投客运的车票浪费了一半行程，也因为台湾各处包车都很方便，也不贵。比较长的行程选择台铁和高铁，主要是考虑到安全问题，长途行车小小兽必须有安全座椅，况且我也不喜欢有个陌生人随时跟着我们的旅行。从清境农场一路包车到日月潭，又从日月潭包车回台中，避免了提着大包小包，托着婴儿车，再抱着孩子狼狈的情景，这次我们的行李实在太多了，一路上不断增加的更有小朋友的玩具，我的确太过于宠爱他。

台中位于台湾地区地理与交通的枢纽位置，去清境农场和日月潭都要从台中出发，考虑到从日月潭返回台中大概会是下午到傍晚，所以最后的台中我们停留两日。

台中的旅行相对轻松，貌似全部行程我们都安排得比较悠闲，半个月的玩耍，这两天让小朋友好好休整下。和乐乐到官原眼科买些伴手礼，整个下午直到晚上就在新光三越消磨时光，离家半个月，已经开始有些想家了……

一路下来，每一处景色历历在目，从淡水河边到遗落的九份的咖啡店，又到海角七号，这一晃旅行已经到了尾声，我们都想家了，思念也成为旅行的一部分。“这里的空气很新鲜，这里的感觉很特别，仰望这片天空，遥尽我对你的思念……”

再会，台湾。

兽妈说

我想说我有些怀念小小兽小时候了，随着小朋友不断长大，调皮捣蛋指数也在不断增长，战斗力升级，无时无刻不在挑战老妈的耐性，但我不想太过限制他的言行。我们这一代的人，家长在我们身上寄予了太多希望，无论是生活中还是学习方面都管得比较严格，小时候的我其实特别胆小，直到高中、大学在众多人面前说话都会紧张脸红。旅行的确予我的改变很多，首先让我变得自信，太多新奇新鲜的事物我不会再去“道听途说”，妄自加以想象，想知道世界的模样就自己出去探寻。旅行是一种磨练，信心在旅途中日渐丰盈，所以我不想如我们的父母教育我们那般方式方法，给予小小兽自由。

孩子需要管教，但是更需要鼓励和肯定，帮助他们建立信心，给他们提供更广阔的天空和扩展视野的机会，少去禁锢。孩子比我们想象中强大，别习惯性地将自己的思维方式强加在孩子身上，我曾听过一种说法：“孩子那么小，不需要去旅行，对他们来说小区花园和外面的世界是一样的！”异常笃定的语气，让我无力反驳。至少我相信关于孩子的成长教育是潜移默化的，他们在我们不知觉的情况下已经在和这个世界交流。我也很笃定地认为，一个看着世界长大的孩子和一个永远在小区花园里长大的孩子绝对是不同的，气质培养和家教养成远比任何都重要。

从小到大我都没有给小小兽报过任何早教课程，唯一的游泳课连教练都放任我们在别的小朋友上课时可以自己随意玩耍。我不想从小就给他太多限制，童年就该有童年的模样，多姿多彩，不受约束，充满欢笑。貌似我一直坚持且落在实处的“教育”只有旅行，带着娃娃看世界。

小小兽两岁九个月，语言爆发期，整个旅行中都能听到小家伙“唠唠叨叨”的，用他的言语诠释他的旅行，特别有意思。十万个为什么的阶段到来，一路上不愁无聊，除去睡觉时间，睁开眼睛就是问题，要互动，要认可，更要赞同。小小兽是狮子座的火象宝宝，脾气又随了我和爸爸，很强势，小家伙现在常常还要管教妈妈，为我安排事情，尤其是现阶段秩序感极强，比如我们两个拍照，我必须站在他的左边，位置绝对不可以交换，不然一概不配合！

在旅行中和小小兽的交流越多，矛盾也越来越多，矛盾主要还是来自于我对他的管教，挑战性极强，学会和妈妈讲条件。即将满三岁的小朋友已经有一套自己独立思考、独立判断且缜密的思维逻辑，我觉得这样形容一点也不夸张,但这些小心思基本上也是用来对付老妈的说教的，温柔与狮吼并存。我确实想照本宣科地做个温柔的妈妈，尽力而为，我会为之努力，当然也要看小朋友的表现如何。

我不敢说一个人独自旅行是一种能力，因为勇气与能力相关联，旅行是对于自己很多方面的一种修炼，更是让自己不断学习和进步的一个过程，为了我们在未来的生活中都能扮演好自己的角色，脚步相随，让我们一起去旅行吧，让成长在路上。

兽妈问答

妈妈问：宝宝多大可以乘坐飞机？

兽妈答：关于宝宝乘坐飞机也查了一些资料：航空公司规定出生14天以上、身体健康的婴儿可以搭乘飞机。刚出生的新生儿毛细血管脆弱，肺部尚未完全张开，身体对气压、重力等因素变化耐受力较弱，而且飞机内环境封闭，小婴儿抵抗力非常脆弱，所以不宜乘机。也有专家建议1岁以后再乘坐飞机会比较安全，因为担心飞机上升到平流层时的气压变化比较剧烈，让小朋友产生身体和精神上的不适。

小小兽第一次乘坐飞机是在11个多月的时候，当时从北京飞首尔，考虑到他第一次乘坐飞机旅行，怕各方面都不适应，所以选择短途飞行。当时小小兽白天每天需要睡两觉，飞行时间特意选在小小兽差不多午睡的时候，回程也是选择小小兽睡觉的时候，几乎是从登机一直睡到飞机安全平稳降落，没有任何不适。回程时快降落的时候小小兽是醒着的，怕气压对耳膜压力太大，让他吮吸母乳，形成吞咽动作，从而使咽鼓管开启，减少气压对耳膜的压力，没有任何哭闹，顺利抵达。

妈妈问：小婴儿是否需要购买机票？

兽妈答：不论多大的婴儿都需要购买机票，婴儿票一般为成人所购买航班全价机票的10%，不过免机场建设费和燃油费。

兽妈建议婴儿票同成人票一起购买，购买时向票务公司说明有婴儿同时乘坐飞机即可。国际机票需提供婴儿护照号码，有些国外的航空公司婴儿票为 0 元，但是也需要提前说明有婴儿随行，以免发生婴儿不能乘机的麻烦。带小小兽去新西兰旅行时，从皇后镇飞往奥克兰，因为提前一天改签机票，只出了成人票，之后预订婴儿票很麻烦，几次被告知不能单独出婴儿票，即使是 0 元机票也不可以，几经周折找到票务公司的主管部门才解决。当时也给所要乘坐的航空公司打电话，解释说婴儿票在乘机当天换取登机牌时即可购买，不过双方面保险，还是提前解决了婴儿票问题。尤其是妈妈一个人带小宝宝出门旅行，我建议万事一定提前准备，临时发生的事宜很多，异国机场，语言不通，环境不熟悉，提前解决，以防后顾之忧。

另外，在给宝宝购买机票时可以跟票务公司或者直接致电航空公司说明有宝宝随行，需要航空公司备婴儿餐或者儿童餐。另外可以提出尽量安排在第一排的座位，而且不要中间的座位，否则自己不方便，也会给别人造成麻烦，最好选择靠窗座位，母乳也方便。可以向航空公司申请婴儿提篮，在办理登机牌时需要再说明一次，有些航班赶上宝宝多的时候不能完全确保；在乘客不是特别多的情况下，有些航空公司还会把一排三个座位都安排给你，这样小宝宝即使在飞机上睡觉，也可以平躺在两个座位上，家长会轻松不少。

补充：

购买机票：

年龄 0 ～ 2 周岁，以起飞日期为准，国内机票按照同一航班成人普通全票价的 10% 购买婴儿票，免机场建设费、燃油附加费，不提供座位，如需要单独占用座位时，须购买儿童票。每一成人旅客携带婴儿超过一名时，超过的人数须购买儿童票；国际航班婴儿票价一般为成人全价的 10%，免收机场建设费，其他税项以航空公司规定为准。

购买火车、动车票：

成年旅客携带一名儿童乘车时，如果儿童身高不足 1.2 米，儿童免票；如果儿童身高为 1.2 ～ 1.5 米，须购买儿童票；儿童身高超过 1.5 米的且年龄不超过 16 岁，须购买全价实名座票。一名成年旅客只能携带一名身高不超过 1.2 米的儿童，超过的人数则另外需要购买儿童票。

妈妈问：带婴幼儿出国旅行是否需要办理护照和签证？

兽妈答：如果宝宝和妈妈一起出行，可以将宝宝办理为妈妈护照里的偕行人，但是很多国家不认可“偕行护照”，所以兽妈建议给宝宝单独办理护照。去往免签国家签证也是必需的，不然出境都是个问题。国内乘坐飞机携带宝宝户口本或宝宝护照也可以。

妈妈问：宝宝办理护照都需要带什么？是否需要宝宝亲自到场？

兽妈答：给宝宝办理护照需要带上家长双方户口本、身份证，宝宝出生证明、宝宝户籍证明，到当地出入境管理局办理。并且宝宝要随行前往，因为护照需要现场拍照，递交资料时也需要宝宝在场确认身份，至少北京地区如此。

妈妈问：宝宝如何办理签证？

兽妈答：给宝宝办理签证同家长资料一起递交即可，不同国家需要的签证资料不同，但是宝宝签证需要的基本资料如下：宝宝出生证明、宝宝户籍证明、夫妻结婚证明，如果宝宝随父母一方单独出去旅行，比如说 2014 年我独自带小小兽去新西兰，办理新西兰签证时还需要另一方家长到公证处办理正规公证函，盖公证处公章。公证函内容相应使馆会提供资料，大致意思是知晓并同意孩子随单方家长去旅行，有些国家甚至更严格，公证文件还需单独再做认证，不过签证办理需要的资料随时变化，可以提前致电所在地使馆具体询问。

妈妈问：带宝宝乘坐火车、动车、飞机时，婴儿推车、伞车是否需要托运？

兽妈答：先说个题外话，我用过三个牌子的推车，最大的是 stokke 推车，个人觉得不太适合旅行，尤其是独自一人带宝宝旅行不适合，很重，拆卸麻烦；小小兽去韩国时我买过一辆 quinny 的伞车，车体固然轻便很多，但是是分体的，折叠时候需要拆卸，也比较麻烦；现在旅行几乎都是推 bugaboo bee，虽然在伞车里不算最轻便的，但目前我觉得是最好用的，折叠、打开都很方便，尤其是推行起来特别轻松。自己带孩子旅行推车选择很重要，因为需要一只手推行李箱，另一只手推车和宝宝。

乘坐飞机时，这三款车都可以不托运，都能直接推到机舱口，在登机前交给空乘人员，在办理登记牌时或者在登机前告知工作人员有推车，工作人员会给推车挂牌子，有些航空公司提供推车托运袋子，但有些航空公司不提供，因此自备一个比较方便。有些支线航空任何推车都是必须托运的，比如捷星航空，婴儿推车需要和行李一起办理托运，不过在办理处会有免费使用的简易婴儿推车。在机舱口交婴儿推车时要向空乘人员说明到达目的地以后在何处领取推车，一般航空公司抵达后出机舱口即可领取，如果未说明，有些时候需要去行李台和行李一起领取。还有些机场有特殊规定，单有领取推车的行李出口，比如澳大利亚悉尼的国际机场，可以向空乘人员询问，以免造成麻烦。

乘坐火车、动车时，婴儿推车是可以直接推入车厢的，所以国内的旅行我几乎都选择动车，座位之间比较宽裕，孩子活动空间范围大。

妈妈问：宝宝在飞机上吵闹怎么办？

兽妈答：宝宝在飞机上吵闹首先很有可能是身体方面不适，尤其是飞机起飞和降落的时候。宝宝的耳膜比成人的耳膜薄，气压对耳膜造成压力，在起飞和降落的时候可以给宝宝喂些水，也可以吃些小零食，或者咬安抚奶嘴，形成吞咽动作，从而使咽鼓管开启，减少气压对耳膜的压力，但是要注意饮水需多次少量，避免飞机颠簸时小宝宝呛到水，喂零食时候更要注意，避免卡到。

两岁以下的宝宝没有单独座位，登机后家长要主动向空乘人员领取一条幼儿安全带，尤其是起飞降落时要将宝宝的安全带和自己系在一起。两岁以上的宝宝有自己单独的座位，但是建议在起飞和降落时家长给予足够的保护，避免孩子从座椅上滑落下来受伤，也可以向空乘人员申请幼儿安全带将宝宝抱在怀中。个人的小经验，在飞机即将降落时，家长在系好自己安全带确保自己安全的情况下，将座位上系好安全带的宝宝揽入怀中，在飞机降落一刹那向怀中拢一下，以缓解颠簸。另外，家长在抱着宝宝的时候应避免孩子的头部朝向飞机走道，以免被过往的人碰到，并尽量将宝宝的身体控制在自己的座位范围内，不要给别人造成麻烦。一般的航班都含有机组座位，跟空乘人员申请后，空乘人员会尽量给带宝宝的家长特殊照顾，安排相临座位空着，给予足够的空间。

宝宝在飞机上吵闹还有可能是飞机空间小，宝宝在座椅上受约束不舒服，建议家长给宝宝带些平时喜欢的小零食和玩具，以安抚宝宝，但零食需注意定量，不要暴饮暴食造成宝宝肠胃不舒服。每次去旅行给小小兽带的玩具都比较多，而且随着小小兽年龄的增长，每次出行所带的玩具都有所更新。刚开始旅行时宝宝还很小，安抚玩具、安抚奶嘴、牙胶、布书这几样就足够，万一哭闹还有最有效的安抚工具，母乳。随着小小兽渐渐成长，玩具不断增多、更新，我一般都给小小兽带一个小玩具盒子，里面可以放小汽车、小火车、轨道、穿珠和几块乐高，还会带上绘本、画笔、小画本、橡皮泥、水果切切乐、迷你绘画板、迷你音乐故事娃娃。现在小小兽越来越大，穿珠之类的玩具已经不能满足他，但是小汽车必须随身携带，还有点读笔，随身多带几本配套的点读书。在飞机起飞和降落的半小时，电子设备应全部关闭，但是特别咨询过空乘人员，点读笔是可以使用的。像橡皮泥、绘画板之类的玩具家长更是可以一起参与，将宝宝的注意力集中在玩具或绘本上，不要让宝宝在旅途中感到无聊，也就减少了哭闹的可能性。

中国的大环境中，带宝宝旅行还是不完全被认可的，首先觉得孩子太小没有出门的必要，另外小孩在飞机上、在公共场合吵闹也会给别人造成不必要的麻烦，并不是所有人都能接受孩子的吵闹。家长也要意识到这点，尽量安抚自己的孩子，不要打扰到别人。万一在飞行途中孩子哭闹不止，家长可以带孩子暂时离开座位，去卫生间，或者找个角落使其安静下来，当然也不能完全占据公共设施，如何安抚自己的宝宝我想每个家长应该都有自己的一套，只是换了一个环境而已。

妈妈问：宝宝乘坐飞机时有没有其他注意事宜？

兽妈答：除去上个问题所提到的，我还有一些个人经验，行李托运后我还会随身携带一个妈咪包，尽量将宝宝平时用的东西带在身边，免洗洗手液、湿纸巾、干纸巾、洗屁屁棉巾（万一在飞机上便便还是要按照平时习惯清洗干净的，别让宝宝不舒服）、尿不湿、小尿壶（在机场候机时候用，上飞机后还是尽量给小宝宝用尿片，万一来不及怕把飞机座椅尿湿）；餐具、围嘴、水壶（小宝宝的水是可以进入安检的，一般安检人员需要宝宝当时喝一口以做检查）；一件长袖衣服，有些航班冷气开得很足；另外需要备一身换洗的衣服，防止在飞机上吃东西弄脏了，或者洒水了，不可预期的情况很多；一条小盖毯；飞行小脖套；需要母乳的妈妈随身携带哺乳巾，即使咱们觉得母乳是一件光荣而自豪的事情，但是公众场合个人还是觉得这样比较礼貌；如果是反季节旅行，一定要将适合即将到达城市温度的衣物准备好，千万不能托运，临下飞机时给宝宝换好，防止空气骤变让孩子感冒生病；如果是夜航，给宝宝带上洗漱用品，宝宝牙刷、牙膏，小宝宝可带包擦牙纸巾，宝宝擦脸油我也是随身携带；宝宝的玩具在机场候机时也是必需的。

另外建议选择适当的航班时间，如果飞行时间过长尽量不要选择夜航，坐着睡一晚上和白天坐一天相比，前者简直是一种折磨。当时去马尔代夫我们前半段飞行时间就是夜里，大人和宝宝都不舒服，宝宝睡不好自然会吵闹，大人也疲惫，所以去新加坡时我选择早上的航班，下午到达，六小时过去很快，也不会太累。

并且，很多航空公司和机场都会有针对孩子的便捷通道或者绿色通道，带着宝宝去旅行登机时亦可优先，空乘人员也会给予更多照顾，因为小小兽的缘故，我的确也跟着享受了不少优待。

妈妈问：酒店选择有什么要注意的？

兽妈答：安全第一！带孩子旅行无论何时何种情况，安全第一！所以我现在带宝宝旅行，酒店不会将就，尤其是一个人单独带宝宝旅行，尽量在旅行前预订好所有酒店。（澳洲自驾旅行纯属特殊情况，因为全家一起旅行，爸爸经验比较丰富，所以很多酒店是临时预订的）；酒店要通过正规旅行网站预订，位置不要太偏僻，也不要太过吵闹，最好不要选择一室多人的青年旅社，自己安全，也不会影响到别人；出发前最好下载一份当地地图，熟悉酒店的位置和方位。

关于酒店加床，每个酒店在细节上有不同的政策，有的可以免费加床，有的需要收取一定费用，也有些酒店不能加床，预订时最好提前致电酒店询问清楚。

妈妈问：在酒店房间该怎样采取安全措施？

兽妈答：一般入住酒店后我做的第一件事就是检查房间内的安全隐患。有些酒店房间会摆放一些装饰艺术品，我会全部把它们移到宝宝够不到的地方；适当调整房间内家具，给宝宝腾出足够玩耍空间，也避免跑动时磕碰；宝宝刚会走，但是走不稳的时候我还会带一些防撞条贴在酒店家具角上，酒店房间宝宝不熟悉，以免受伤，将防撞条上面的胶带在自己身上反复粘贴几次就不会那么粘了，别把酒店的家具粘坏；自带一些安全防护插座，但是国内的安全防护插座在国外不通用，可以选择带上胶条把电源位置贴起来，并且挪动一些家具把电源挡起来；房间的门时时刻刻上安全锁，防止宝宝好奇淘气自己开门跑出去；阳台门也要随时关闭锁好，避免宝宝攀爬阳台造成跌落；浴缸里的水及时放掉，以防宝宝贪玩趁家长不注意掉入；夜晚入睡前将门窗仔细检查一遍是否关好锁好。

我自己的一次失误经历，分享给家长们注意，当时带着小小兽去香港迪士尼乐园，入住迪士尼乐园酒店，用完餐把餐车推到房间外面时，酒店的门很重，突然自己关上了，并且上锁，当时小小兽还小，不会自己开门。幸好迪士尼乐园酒店主要是为小朋友提供住宿，安全措施做得都比较完备，家具平面很高，电源也比较隐蔽。乐园酒店很大，我疯狂地向前台跑去找服务员开门，因为没有任何证件，服务员陪我一起往房间跑，帮我打开了门。一直以为自己还是个比较仔细的妈妈，但是也会有出错的时候，希望能给家长们以经验教训，避免类似事情发生。并且不要把宝宝单独留在房间，无论大宝宝还是小宝宝，小宝宝怕不安全，大宝宝好奇心重，更怕自己跑出来，尽全力做到 24 小时形影不离！

带宝宝入住酒店可以在预订时就询问是否可以提供婴儿床，迪士尼乐园酒店和迪士尼好莱坞酒店还可以为大一些的宝宝提供床挡，如果不能提供，尽量选择大床房，把多余的枕头挡在宝宝一边，靠垫之类堆放在床边，如果酒店有美人靠或者沙发也可以挪动到床边，起到保护作用，防止宝宝睡觉时候跌落。

注意：在退房之前，物归原处！

妈妈问：带宝宝自驾有什么注意事项？

兽妈答：带小小兽在新西兰和澳洲的旅行都是自驾，尽量选择大一点的车型，安全系数较高。自驾旅行，路况不熟悉，有些时候还是右驾，驾驶员最好先熟悉一下车况。对于宝宝来说最重要的当属汽车安全座椅！自驾旅行时必备！一般租车公司都能租赁，国外很多家庭旅行时自带安全座椅，将安全座椅托运，两次自驾我都是租的，很方便。建议带孩子自驾旅行时每天行驶不要太久，第一次新西兰自驾我们每天只安排2～3小时自驾行程，不过小小兽还比较适应在路上的感觉，年底的澳洲之行每天在路上的时间相对比较久。自驾途中给宝宝准备些能吸引他的玩具，在新西兰的时候我买了好多气球，一路上都在吹气球，小朋友特别开心，自驾一路都十分愉快。再有，推荐购买全险！

妈妈问：在外旅行宝宝的饮食问题如何解决？

兽妈答：六个月以前未添加辅食的宝宝最容易解决，我是母乳妈妈，一块哺乳巾搞定全部旅行；奶粉宝宝可以用分装袋带奶粉，不过据说飞机上的水都不完全开，看过很多妈妈旅行经验说最好在安检之后，登机以前，泡好牛奶，飞机上再热。添加辅食后我基本都带一个小煮锅出门，锅很小，大概也就七八升，很好携带，煮粥、煮面、做疙瘩汤、煮鸡蛋、煮玉米，都方便，锅内还有个蒸屉，可以蒸鸡蛋羹，在新西兰时我还给小小兽包过饺子、蒸过包子，不过每次只能蒸一个包子。像面粉、大米、婴儿面条我都用分装袋自己带，在外面买不到那么小包装的，避免浪费，但是很多国家安检非常严格，要提前了解清楚，去新西兰时我带过婴儿面条，因为那时候小小兽还小，我怕当时紧急情况买不到适合他吃的面条，还好顺利过关，因为那次旅行我们大概玩了半个多月，在新西兰当地买的面粉和大米也没有浪费。另外旅行时我还会带个辅食研磨碗和辅食剪刀，研磨碗对于刚添加辅食的小宝宝很方便，比如木瓜、蓝莓、香蕉，另外蔬菜煮熟以后也可以直接研磨，大一些的宝宝带一把辅食剪刀，孩子慢慢长大后外面的食物也可以吃一些，清淡的面啊、蔬菜啊，用剪刀剪碎比较方便。

妈妈问：带宝宝旅行比较适合去什么样的地方？

兽妈答：带小小兽也去过一些地方，虽然不多，但是个人觉得最适合孩子的地方当属海边。平静的大海、沙滩，带一套挖沙玩具，小水桶、小铲子、沙滩玩具汽车，把孩子“扔”在那儿管都不用管，也适合第一次带孩子旅行的家长，像三亚、马尔代夫等，家长不会太累。去年初新西兰之行第一次接触自驾旅行，个人觉得自驾比较适合带孩子一起的家庭旅行，时间、地点都安排得比较随性。诸如新加坡这样的国家也比较推荐，首先治安非常好，即便是自己一个人夜里带孩子出去也比较安全，地方不大，但是适合孩子的地方比较多，动物园、海洋馆、大海、沙滩、环球影城都比较适合带孩子前往。另外有很多地方有利又有弊，中国古镇其实带孩子小憩几天还比较舒服，但是去往古镇的路途比较颠簸，当年第一次自己一个人带小小兽去乌镇其实心有余悸，高铁到达以后还要乘坐大巴，然后再换乘城乡公交，比较考验家长。

妈妈问：一个人带宝宝旅行怎么拍照？

兽妈答：其实我以前一个人旅行也不带三脚架，比较麻烦，而且没有那么专业，瞎拍而已，带宝宝旅行更没有精力再背一个三脚架了，行李越精简越好。其实带孩子旅行拍照更方便，小宝宝的推车放相机非常方便，而且小小兽一岁的时候就能帮我按快门了，而且他相当热衷此事，相机定好时机，小小兽跑过去按快门然后再跑回来，自己都知道站在怎样的位置，如何摆 pose。之前的相机不能使用快门线，好像是澳洲旅行之前换了一架相机，快门线自拍更是方便，开动脑筋，只要你想做的就一定可以做到，包括拍照，更包括带孩子旅行。

旅行小贴士

洗漱用品：

充气浴盆（其实小朋友大了已经可以淋浴，但是有他自己的小浴盆每天可以洗个泡泡澡对于健康更有好处，防止生病，而且也可以和在家一样，在洗澡的时候玩玩水，旅行时不想打破他平时的很多生活习惯；充气浴盆也无需带气筒，用嘴吹气就可以），洗澡玩具，洗护发一体液（也可以不带，小宝宝不需要每天洗头发，清水冲洗就可以），棉签，指甲剪，鼻屎夹，牙刷，牙膏（小的宝宝可以带一次性擦牙纸巾），防流感泡泡浴（在外面接触人多，每天洗个泡泡浴很重要），身体乳，擦脸油，浴巾，带几条薄的纱布小浴巾（不占地方而且易干），小宝宝带上隔尿垫，按摩油，护臀膏，松花粉。

防晒用品：

如果去炎热或者紫外线照射强烈的地方，尤其是带孩子去海边，高指数防晒霜必备，还有晒后修复乳液；去痱止痒泡泡浴，痱子液（防止起痱子），去痱水（已经起痱子）；遮阳帽和防晒服也是必要的；一把小扇子随身携带。另外，去海边的话一定给宝宝带上挖沙玩具，我想每个孩子都会喜欢。

防蚊用品：

防蚊贴，驱蚊水，宝宝蚊香，驱蚊手环，便携驱蚊器，蚊虫叮咬膏。

旅行外出：

推车，推车托运袋子（有些支线航空公司不提供推车托运袋，自带一个有备无患），小盖毯（在外面睡着需要），脖枕；大宝宝带上小尿壶，两岁后的旅行还带上了便携马桶盖。另外还有干洗手液，湿纸巾，干纸巾，一次性洗屁屁巾，拉拉裤或者纸尿裤，哺乳巾，垃圾袋（装宝宝换下的纸尿裤和一些垃圾用），密封袋（有些衣服在酒店洗了干不了，第二天要换酒店的话用密封袋装上避免把其他干衣服弄湿）。

衣物：

我习惯带很多衣服，最少每天两身，宝宝衣服很容易弄脏，出行时一定要备一套随时换。即使是去温暖的地方，也要随时带上一件长袖，以防下雨天气突然变凉。鞋子，两双到三双，一是搭配衣服，二也是因为怕弄脏弄湿没法换。帽子，尤其是去海边或热的地方，防晒遮阳很重要。护膝，宝宝玩疯了，路况不好，又想自己奔跑时候需要。其他装饰性小物品随机，领结、腰带、墨镜之类，用于拍照造型，但几乎都被小小兽撕扯下来。

药品：

增强抵抗力：三驾马车（第一防线，维生素C补充剂，紫雏菊）；

预防流感：伤风止痛按摩膏，防流感泡泡浴，感冒舒缓精油，感冒通鼻膏；

肠胃不适腹泻：益生菌（一岁以上宝宝适用），丁桂儿脐贴，儿童蒙脱石散，儿童吗丁宁，高效止泻冲剂；

发热：温度计，退热贴，退热屁屁栓，美林，泰诺林，电解质

咳嗽：龙角散，止咳消炎冲剂，阿奇霉素（抗生素，处方药，有备无患）；

感冒：小儿感冒冲剂；

急救小药包：医用消毒纸巾、碘伏（不含酒精的），烧伤烫伤药膏，创口贴，医用纱布；

其他：烧烫伤药膏，扭伤消炎消肿药膏，晕船晕车药膏，湿疹膏，万用膏，D-drop（0～2岁宝宝每日补充维生素D）。

分享几个"偏方"，自己平时用的，口碑比较不错的，辅助食补，出门在外这些食材很好买到，但是要根据宝宝身体状况，自己对宝宝病情没有把握时应及时就医。

感冒：四根汤（白菜、香菜、葱、白萝卜）。

止泻：蒸苹果；焦米水（大米炒焦煮水）。

止咳润肺：白萝卜皮煮冰糖水，盐蒸橙子，荸荠煮百合水，冰糖梨水，大蒜碎煮冰糖水。

宝宝旅行辅食

带着宝宝旅行，重中之重就是安全！并列同等重要的还有宝宝在旅行中吃什么？怎么吃？宝宝辅食怎样解决！大一些的宝宝固然没有问题，解决好小宝宝的辅食问题是旅行中尤为重要的，孩子需要休息好，吃好喝好，才能精力和体力双充沛，也不至于因为饮食问题或者水土不服生病。

首先是与宝宝饮食相关的一些事物及食物，我大致做了个总结：

0～6个月宝宝，不需要添加辅食，小小兽是全母乳宝宝，一块哺乳巾搞定全程；奶粉宝宝或者混合喂养宝宝需带上奶瓶、奶粉分装袋、保温热水壶，这样出去随时可以冲泡奶粉。

6～7个月宝宝，需添加辅食，母乳和奶粉还是主要食物，少量带一些米粉、果泥、蔬菜泥，超市也可以买到真空包装的果泥和蔬菜泥罐头。如果提前给航空公司电话预订婴儿餐，飞机上也会提供这样的罐头，一次吃不完一瓶，带回酒店放在冰箱保存两三天没有问题。自备一个辅食研磨碗，比如香蕉、蓝莓和牛油果这样的软质水果可以直接研磨食用，更新鲜。

8个月以上宝宝，辅食种类增加，而且需要添加蛋黄和蔬菜，一岁以上宝宝添加全蛋。我准备的东西比较多：小煮锅；一双筷子，一把锋利的小刀，一只宝宝用小瓷碗（既可以蒸鸡蛋羹，又可以放置热的食物）；宝宝酱油、宝宝盐，这两样是辅食必备；我还会带小包装面粉、大米、婴儿面条，在外面买不到这么小包装的，避免浪费，入境时候和检查人员详细说明一般会通融。像新西兰、澳洲这些国家买小朋友的食品很方便，尤其是奶制品、零食，所以只带一些路上的零食就足矣。

其他与宝宝饮食相关的物品：

餐垫、围嘴、外带餐具、水壶、小瓶宝宝洗涤剂（旅行中携带消毒锅比较不现实，我一般用开水烫泡以消毒）、辅食研磨碗、辅食剪刀（一岁以下小宝宝辅食研磨碗用途比较广泛，大一些的宝宝备一把辅食剪刀）。还有零食，很重要！很多妈妈都问宝宝飞机上哭闹，或者在外面哭闹怎么处理，首先我的方法是分散宝宝的注意力，带一些宝宝平常喜欢的零食，先缓住情绪，但是旅行中零食也尽量按平时要求的量，别暴饮暴食。

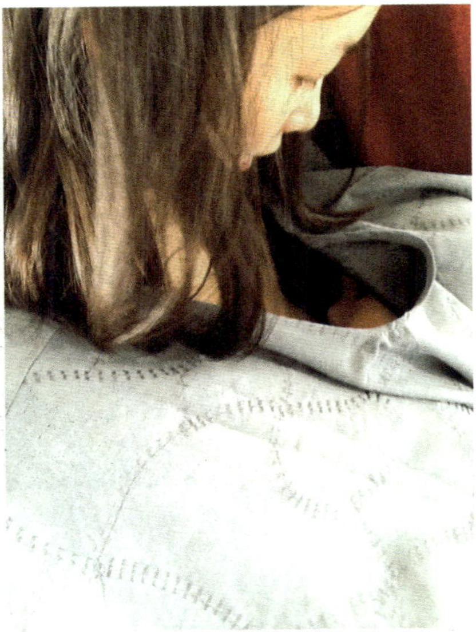

小小兽 7 个月大的时候第一次跟随我们旅行。此时母乳还是主要的，添加辅食还比较单一、简单，只添加了米粉，还有一些香蕉泥、木瓜泥和苹果泥，香蕉和木瓜用研磨碗稍微加工即可食用。建议给宝宝冲泡奶粉或者冲泡米粉的水使用瓶装水，减小宝宝水土不服的几率，把瓶装水烧开，待到适合温度再使用。出门在外不可能带全所有宝宝平时用的物品，比如温奶器，把水倒在自己手背上感受一下，大致温度还是可以掌握的，如果你是个合格的妈妈的话。

小小兽第二次旅行是 11 个月大的时候跟我去韩国首尔。在旅行前几天托朋友从韩国带回了几瓶韩国比较普遍的瓶装水，怕他第一次出国不适应国外的水土，提前感受下，也提前观察下是否有身体不适。出发前在超市买了几瓶蔬菜泥、三文鱼泥和牛肉泥，11 个月的时候小小兽辅食已经开始添加大量蔬菜和少量鱼泥、肉泥，韩国超市肯定有卖这些辅食的，但是考虑刚到韩国不太熟悉，万一临时买不到比较麻烦，还是自带一些比较稳妥，米粉也用分装袋带了几天的量。韩国的旅行其中一天我们住在北村的韩屋，可以自己做饭，比较有意思，第二天的早餐老板还给蒸了小南瓜，小小兽都可以食用。在此推荐一下，如果带宝宝去韩国旅行可以选择这样的客栈，虽是私人营业，但是比较正规，有小院子，房间里亦是榻榻米，小朋友会很喜欢。

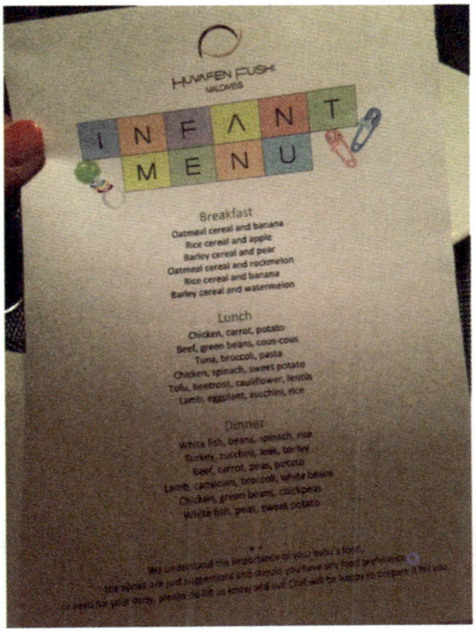

带着小小兽第三次旅行，一家三口去了马尔代夫，小小兽大约15个月大。在马尔代夫不用担心小朋友的吃饭问题，岛上几乎每家餐厅都会有专门的infant food，而且种类很丰富，青豆牛肉泥、鸡肉蔬菜泥等，早餐时有面包、酸奶、水果，以及蛋类制品，小宝宝都可以食用。

我的旅行小煮锅是在2013年10月去上海和乌镇前买的，16个月的小小兽辅食添加种类越来越多，内容越来越丰富，不想因为旅行扰乱他正常且规律的作息，更不想糊弄小朋友的饮食，却因此一发不可收拾，从此愈加喜爱如此的旅行，像过生活一样。当时带了一些小小兽平时最喜爱的蔬菜面条，还有旅行蔬菜小调料，但是之后都没有再买这种小包装的蔬菜调料，小小兽不太喜欢那味道。在乌镇最温馨的事情就是带着小小兽去买青菜，走了很远的路都没有买到，在回来的路上一个餐店的老奶奶送了我们一把青菜，带孩子旅行真的不可怕，处处都是温暖，回味更多。

自从有了第一次一个人带宝宝旅行的经验，胆子就越来越大，2014 年初决定一个人带宝宝去新西兰。

此时的小小兽已经 18 个月大，还不能完全接受外面的食物，而且新西兰的餐厅的 children food 大部分都是炸鱼和薯条，所以十几天的旅行几乎都是自己做给宝宝吃，小煮锅发挥了巨大的作用，从简单的煮粥、煮面、煮鸡蛋和玉米，到疙瘩汤，再到后来给小小兽包饺子、蒸包子。后半程的自驾旅程我们预订的也大多为这样的酒店公寓，有厨房，并且有完备的厨具，每天的餐食更加丰富。

2014 年去青岛和澳门的时候小小兽临近两岁生日。青岛我觉得也比较适合带小朋友去玩，有大海沙滩，还有海洋馆，吃饭也比较方便，我们在酒店做饭的次数已经不多，每天在酒店的餐厅点个西红柿炒鸡蛋，一个青菜，再点一条清蒸鱼，青菜用辅食剪刀剪碎，混合在一起拌米饭，营养丰富！在澳门我们几乎就没有用过小煮锅，酒店带厨房，而且酒店的食物很丰富，小朋友大部分都可以接受，孩子越大吃饭越容易解决。

两岁多的小小兽现在跟我们出去旅行几乎都可以跟我们一起在外面吃，去澳洲和新加坡我也都带着小煮锅，但是使用的几率很低了，不过还是有备无患。比如澳大利亚那次，小小兽最后在悉尼发烧了，不想折腾他，就在酒店里煮面、煮玉米，澳洲和新西兰的超市我都很喜欢，首先奶制品丰富，再有就是蔬菜啊、肉啊都还不错，有些蔬菜切好洗好回来直接蒸煮就可以，特别方便。

随着小小兽年纪越来越大，这段美好的“背着澡盆和小煮锅的旅行”也即将进入尾声，虽然一路上有些小辛苦，但是比起带着宝宝旅行那种朝夕相处、相互陪伴的快乐来说都不算什么，享受其中就不会觉得是个麻烦事儿。如今我已经习惯带着这个小小的小尾巴到处行走，如果旅途中没有小小兽我想我会孤单，更会想念，我没有尝试过，但是我知道那天总会到来。孩子慢慢长大，也会越来越有自己的想法和主意，也许有一天他不再愿意跟着老妈到处旅行，他也想自己一个人独自去旅行，也会有自己环游世界的梦，带不带老妈一起我就不知道了……

宝宝旅行受伤紧急处理方法

跌倒擦伤:

如果伤口面积较小，伤口很浅，首先用清水轻轻将伤口冲洗干净，用医用棉签或棉团涂抹碘伏，如果怕碰到伤口可以贴上创口贴，不过尽量让伤口保持透气，尤其是炎热天气；

如果擦伤面积太大、流血不止，或者伤口比较深。还有如我家宝宝的情况，在旅途中血管瘤受伤流血，无论是否严重，建议还是带宝宝去看医生，根据具体情况由医生做局部清创处理。

外伤出血:

快速止血：直接用干净的纱布按压在伤口处止血，并且让孩子平躺，将流血部位抬高；

按压动脉止血：按压上臂或腹股沟弯曲处动脉，让孩子躺在地上，抬高流血部位；

压迫绷带止血：适用于手臂、腿和头部。

扭伤、压伤、砸伤或挤伤:

首先需要冷敷，切不可热敷，一般 24 小时后才可热敷，也不要缠绷带之类，常备消肿消炎药膏辅助消肿，如情况严重或出现骨折要尽快就医。

被动物咬伤：

旅行中被狗、猫等动物咬或抓伤后，第一时间用流动的清水冲洗伤口，至少冲洗 20 分钟，然后带宝宝尽快尽早去医院注射狂犬疫苗。

被蚊虫咬伤：

首先要尽量做好防蚊措施，上一次带小朋友去台湾花莲正值盛夏，蚊虫肆意，幸好小朋友没有被咬到，防护措施完备。被蚊虫叮咬后，可以用凉水冷敷下缓解瘙痒，然后涂抹儿童专用的蚊虫叮咬药膏，尽量不要让宝宝用手抓。

烧烫伤：

如果宝宝不慎被烫伤，首先要做的事情就是以流动的清水冲洗伤口 10 ～ 15 分钟，冷却皮肤表面热度，防止烧烫伤情况进一步恶化，如果无法冲洗伤口，可冷敷；注意受伤部位面积较大，水不要太凉。

再小心将未与伤口粘在一起的衣服小心脱下，必要时剪开。如果有水泡小心别弄破。

再然后用干净的医用纱布轻轻遮住伤口，不可以在伤口处涂抹牙膏、酱油、草药之类，也不可以涂抹粉末状药物，因为有可能会造成伤口感染，并且也会影响医护人员的判断和紧急处理；如果烫伤烧伤严重要及时送宝宝去医院，轻微烫伤涂抹芦荟胶或者药店出售的专门烫伤药膏。

触电事故：

旅行时候建议家长也要采取一定的防护措施，如果不方便携带电源安全插座，可以带一卷透明胶条，把暴露在外面的电源贴上，适当采取遮挡。万一孩子触电，第一时间要采用绝缘物体将孩子与电源分开，检查孩子呼吸，如果呼吸尚在，让宝宝侧卧防止窒息，如果是婴儿，要让婴儿趴卧，使头部侧偏；一旦没有呼吸，立刻采取心脑肺复苏术，与此同时呼叫当地急救中心。

流鼻血：

抬起宝宝的头，捏住一边或者两边鼻翼１０分钟，放一块凉的湿毛巾在孩子的后颈部处，不要用药棉花塞进鼻子，如果２０分钟后仍不能止血要呼叫急救中心。

溺水：

一旦孩子溺水，切记不要通过摇动溺水者身体和哈姆里希急救法排除肺部积水，采取人工呼吸和心脑肺复苏术，直到急救人员赶到。

晒伤：

带宝宝去海边或者炎热地方，首先要做好防晒措施，还要涂抹晒后修复乳液；如果孩子晒伤，可以涂抹芦荟胶，如果没有芦荟胶或者专门晒伤药膏，当皮肤被晒伤时可以涂抹醋，柠檬等酸性物质。

中暑：

首先带孩子去阴凉处，平躺，让孩子上身微微抬起，在额头敷一块冷毛巾，降温且使脑膜消肿，并且需要让孩子卧床休息１～３天，如果中暑后出现强烈疼痛要及时就医。

参考书籍《儿童急救应急指南》

图书在版编目（CIP）数据

带着娃娃看世界 / 乔小兽著. —北京：电子工业出版社，2015.7
ISBN 978-7-121-26316-3

Ⅰ. ①带…　Ⅱ. ①乔…　Ⅲ. ①旅游指南—世界　Ⅳ. ①K919

中国版本图书馆CIP数据核字（2015）第129404号

责任编辑：张　铁
印　　刷：中国电影出版社印刷厂
装　　订：中国电影出版社印刷厂
出版发行：电子工业出版社
　　　　　北京市海淀区万寿路173信箱　　邮编：100036
开　　本：880×1230　1/32　　印张：9　　字数：201千字
版　　次：2015年7月第1版
印　　次：2015年7月第1次印刷
定　　价：39.80元

凡所购买电子工业出版社图书有缺损问题，请向购买书店调换。若书店售缺，请与本社发行部联系，联系及邮购电话：（010）88254888。

质量投诉请发邮件至zlts@phei.com.cn，盗版侵权举报请发邮件至dbqq@phei.com.cn。

服务热线：（010）88258888。